Deedre Diemer

Chakra-Therapie –
kurz & praktisch

Herausgegeben von Gabriele Wälder

Deedre Diemer

Chakra-Therapie –
kurz & praktisch

Verlag Hermann Bauer
Freiburg im Breisgau

Die Deutsche Bibliothek – CIP-Einheitsaufnahme

Diemer, Deedre:
Chakra-Therapie – kurz & praktisch / Deedre Diemer.
[Dt. von Maria Müller]. – 1. Aufl. –
Freiburg im Breisgau : Bauer, 1998
   (...kurz & praktisch)
   Einheitssacht.: The ABC's of chakratherapy ⟨dt.⟩
   ISBN 3-7626-1116-5

Die Reihe »... – kurz & praktisch« erscheint im
Verlag Hermann Bauer KG, Freiburg im Breisgau

Die amerikanische Originalausgabe erschien 1998 by
Samuel Weiser, Inc., York Beach, Maine, unter dem Titel
The ABC's of Chakratherapy. A Workbook
© 1998 by Deedre Diemer

Deutsch von Maria Müller, München

1. Auflage 1998
ISBN 3-7626-1116-5
© für die deutsche Ausgabe 1998 by Verlag Hermann Bauer KG,
Freiburg im Breisgau
Einband: Ralph Höllrigl, Freiburg im Breisgau
Gesamtherstellung: Freiburger Graphische Betriebe,
Freiburg im Breisgau
Printed in Germany

Inhalt

Teil 3
Die Chakren trainieren

Anhang

Danke!

An dieser Stelle danke ich von ganzem Herzen allen, die mich unterstützt haben und weiterhin unterstützen und auf meinem Weg der Selbst-Transformation und Heilung inspirieren:

Meinem Bruder George Diemer danke ich für seine Großzügigkeit, seinen Humor und seine Liebe; meiner Tante Emma Diemer für den Mut, den sie mir machte, und für ihren kreativen Geist; allen, die mir bei meiner spirituellen Entwicklung geholfen haben – sei es im gemeinsamen Lernen oder durch ihre Bücher –, danke ich, unter anderem auch einigen Autoren der im Anhang empfohlenen Literatur. Auch an meine Schüler und Klienten geht ein Dankeschön; sie waren meine größten Lehrer – ganz besonders diejenigen unter ihnen, die an meinem ersten Chakra-Therapie-Workshop teilgenommen haben: Jenny Kamita, John Price, Anthony Michael Salas, Pat Hagan, Phyllis Jeroslow, Rachel Beniof, Coni Herndon und Laura Vallance. Dina Tevas-Ingram gilt meine Dankbarkeit für ihre Begeisterung, ihre Orientierungshilfe und ihren Glauben an meine Arbeit. Ganz herzlich danke ich an dieser Stelle auch meiner lieben Freundin Julie Bradberry und meinem guten Engel Sue Bottfeld; beide haben mich liebevoll und weise auf meinem spirituellen Weg begleitet. Und ganz besonders möchte ich meinem lieben Ehemann Chris Pettersen danken; er hat mich mit mehr Glauben und Liebe unterstützt, als ich es je für möglich gehalten hätte.

Und natürlich danke ich Gott von Herzen dafür, daß ich die Übermittlerin dieser Informationen sein durfte.

Allen, die sich auch auf diese wundervolle Reise begeben und ihre Weisheit und Liebe mit anderen teilen, gilt meine tiefste Dankbarkeit und Wertschätzung.

Teil 1

Entdecken Sie
Ihre Chakren

Willkommen bei der Chakra-Therapie

Wenn Sie dieses Buch aufschlagen, sind Sie sicher schon auf dem besten Weg zu Ihrer Selbst-Entdeckung und Selbst-Heilung. Die *Chakra-Therapie* will Ihnen helfen, durch das Erforschen der Hauptenergiezentren immer mehr Ihr wahres, Ihr höheres Selbst zu verwirklichen. Die einfachen und doch höchst wirksamen Techniken unterstützen die Heilung auf allen Ebenen – physisch, mental, emotional und spirituell. Sie beseitigen Energie-Blockaden, verhelfen zu mehr Balance und einem ausgeglichenen Energiefluß. Das Buch stellt Techniken vor, die Energie-Blockaden lösen und uns mit neuer Energie aufladen. Es lehrt den Umgang mit der eigenen Energie und vermittelt die große transformatorische Kraft von Visualisierung, Klang, Farbe, Aroma, Reflexzonen-Massage, Kristallen und Edelsteinen sowie körperlichen Übungen.

Wer sich mit seinen Chakren vertraut macht, lernt auch, seine eigene Energie von der anderer Menschen – überhaupt von Fremdenergien – zu unterscheiden. Kennen Sie zum Beispiel das? Sie gehen die Straße entlang und fühlen sich toll, sind richtig guter Laune. Sie kommen an einem Menschen oder einer Gruppe von Leuten vorbei, sind sich dessen vielleicht bewußt oder auch nicht. Und auf einmal erwischen Sie sich dabei, wie Sie negativ denken oder ärgerlich werden. Wie ist das möglich? Gerade waren Sie noch so guter Laune! Kommt Ihnen das bekannt vor? Es ist einfach so: Sie haben die negative Energie von jemand anderem aufgenommen und Sie in Ihre Aura eindringen lassen. Jetzt meinen Sie, daß dies Ihre eigenen schlechten Gefühle sind, dabei stammen sie von einem anderen Menschen. Er hat seine Negativität einfach bei Ihnen abgeladen, und Sie haben das zugelassen!

Wer sich seiner eigenen Energie bewußt ist, hat die Möglichkeit, Fremdenergien bei sich selbst zu erkennen – Ansichten, Emotionen, Gedanken oder die soziale Programmierung eines anderen Menschen. Wenden Sie die Techniken, die in diesem Buch vorgestellt werden, an: Auf diese Weise können Sie Ihre Energie klären und wieder *neutral* werden. Aus dieser Position heraus sind Sie besser in der Lage, Entscheidungen zu treffen oder Wichtiges von Unwichtigem zu unterscheiden. Sie haben also mehr Kontrolle über Ihr Leben und sind nicht so stark dem unbewußten Einfluß anderer ausgesetzt.

Die *Chakra-Therapie* kann unterschiedlich gelesen werden. Sie können beispielsweise schon im ersten Teil mit der Erforschung jedes einzelnen Chakras viel Zeit verbringen. Meine Empfehlung lautet: Machen Sie sich zuerst mit den im zweiten Teil beschriebenen Grundtechniken vertraut, bevor Sie sich intensiver mit den einzelnen Chakren beschäftigen. Wer eher durch Hören lernt, kann sich ein Meditationsband aufnehmen: Dazu lesen Sie aus dem Kapitel *Emotionale, mentale und physische Gesundheitsprobleme* die Abschnitte zu jedem Chakra. Dann hören Sie das Band an und probieren die unterschiedlichen Therapieformen aus; so können Sie herausfinden, welche Therapie Sie am meisten anspricht. Ob alle oder vielleicht nur eine einzige ist nicht wichtig – Sie müssen sich nur selbst vertrauen!

Wo sitzen Ihre Energie-Blockaden? Dieses umfangreiche Kapitel ist speziell dazu da, Ihnen bei der Selbstdiagnose, beim Erkennen Ihrer persönlichen Energie-Blockaden zu helfen. Hier erwartet Sie ein umfassender Fragenkatalog, den Sie gleich vollständig beantworten können, aber nicht müssen. Beim ersten Lesen empfiehlt es sich allerdings, die Selbstdiagnosefragen zumindest zu überfliegen und darauf achten, bei welchen Fragen im Moment eine Resonanz vorhanden ist; immer dann, wenn

Sie mit »Ja« antworten. Auf dem Blatt mit den Antworten sehen Sie dann, mit welchem Chakra die jeweilige Frage korrespondiert. So finden Sie heraus, welche Chakren am wenigsten in Balance sind und können mit Hilfe der im zweiten Teil des Buches empfohlenen Therapien die Blockade lindern. Sie werden sich also entweder das entsprechende Tonband anhören, das Sie bei Ihrer Visualisierung begleiten wird, die dem Chakra entsprechende Farbe einatmen oder sich einen passenden Edelstein aussuchen – um nur einige Möglichkeiten zu nennen. Meine Erfahrung hat gezeigt, daß die *Energiefluß-Meditation* äußerst wirksam ist, um das Schwingungsniveau der Chakren anzuheben und Blockaden im Energiefeld zu lösen.

Der Umgang mit den verschiedenen Therapien

Persönliche geführte Meditationsbänder

Mit der *Energiefluß-Meditation* kann das Energiefeld sehr effektiv gereinigt werden: Sie setzen sich hin und bringen selbst die Energie zum Fließen, oder Sie ziehen zum Klären der Chakren Ihre geführten Meditationsbänder hinzu. Nehmen Sie sich dafür Zeit, denn diese Meditations-Technik muß konzentriert und ohne Ablenkung durchgeführt werden. Also hören Sie die Bänder lieber nicht nebenbei beim Autofahren an, denn da müssen Sie Ihre ganze Aufmerksamkeit aufs Fahren konzentrieren.

Natur-Therapie

Diese Methode arbeitet mit Naturbildern, um die Chakren zu stimulieren beziehungsweise zu entspannen. Am besten funktioniert es, wenn Sie sich dabei tatsächlich in der Natur aufhalten und still im Sitzen meditieren: beim Sonnenuntergang am Meer, draußen im Mondlicht usw. Wenn das nicht möglich ist, stellen Sie sich beim Meditieren diese Umgebung ganz intensiv vor oder nehmen ein Photo zu Hilfe. Phantasie ist hier gefragt!

Klang-Therapie
Klang-Therapie ist etwas sehr Subjektives, deshalb sollten Sie darauf achten, auf welche Musik Sie ansprechen.
Sie wissen selbst am besten, was Sie entspannt oder mit
Energie auflädt; dieses innere Wissen ist besser als jede
Empfehlung. Probieren Sie ruhig verschiedene Klänge
oder Musikrichtungen aus. Wenn Sie die Musik entdeckt
haben, bei der Sie und Ihre einzelnen Chakren mitschwingen, nehmen Sie sich am besten eine Musikkas-
sette speziell zum Zuhören und Entspannen auf: fünf Minuten für jedes der sieben Chakren – insgesamt also eine
halbe Stunde, denn die Klangtherapie für das 7. Chakra
ist Stille. Sie können das Band einfach nur anhören oder
die Energiefluß-Meditation dazu machen, Räucherstäbchen anzünden usw.
Zur Klang-Therapie gehört auch das Chanten. Sie
können bestimmte Vokale oder Mantras chanten, in jedem Fall sollte der Klang und die Vibration Ihrer Stimme
durch Ihren ganzen Körper schwingen und Ihre Energie
klären! Dazu müssen Sie kein Sänger, keine Sängerin sein.
Wir alle haben eine Stimme und können sie zu unserer
Heilung einsetzen.

Aroma-Therapie
Unser Geruchssinn ist ein sehr wirkungsvolles Heil- und
Entspannungsmittel. Verwenden Sie Räucherstäbchen,
Duftschalen und essentielle Öle – so wie es Ihnen zusagt.
Finden Sie zuerst mit einfachen Mitteln heraus, auf welche Gerüche Sie ansprechen, bevor Sie zum Beispiel eine
teure Duftlampe kaufen. Meine Empfehlung lautet, verbinden Sie die Aroma-Therapie mit Meditationen –
gleich welcher Art.

Farb-Therapie
Bei der Farb-Therapie visualisieren Sie verschiedene Far-
ben und atmen sie in Ihr Energiefeld. In Verbindung mit
Körperübungen und/oder der Energiefluß-Meditation

eignet sich diese Therapie wunderbar zu einer gründlichen Klärung. Wählen Sie die Farbe des Chakras, das bei Ihnen am unausgeglichensten ist, und atmen Sie diese Farbe in das betreffende Chakra und in Ihre Aura. Oder Sie nehmen sich die Zeit, Ihre Chakren nacheinander zu erforschen und die entsprechende Farbe in jedes Chakra zu atmen. Auch hier ist wieder Ihre Phantasie und Imagination gefragt! Fühlen Sie sich frei, mit verschiedenen Farben zu experimentieren. Während der Energiefluß-Meditation können Sie sich eine bestimmte Farbe über Ihrem Scheitel-Chakra vorstellen, und die Kraft dieser Farbe durch Ihr ganzes Energiefeld fließen lassen. Oder Sie entscheiden sich bei Ihrer Kleidung für Farben, die Sie mit der gewünschten Energie erfüllen. Es kann auch bunte Unterwäsche sein, vielleicht sogar aus Seide! Viele Menschen sind davon überzeugt, daß Seide eine schützende Wirkung hat. Wie Sie wissen, enthält Weiß das gesamte Farbspektrum und ist daher immer eine sichere Wahl. Um ein bestimmtes Chakra zu aktivieren, können Sie auch die entsprechende Farbe zusätzlich einsetzen, also beispielsweise rosafarbenen Schmuck oder Blumen für das Herz-Chakra. Umgeben Sie sich mit der Farbe oder den Farben, die Ihrer Energie entsprechen und zum gewünschten Ergebnis führen. So wirkt sich orangerote Bettwäsche beispielsweise positiv auf Ihr Sexualleben und Ihre Kreativität aus, aber verhilft Ihnen nicht unbedingt zu erholsamem, friedlichem Schlaf!

Reflexzonen-Massage

Im Körper gibt es Hunderte von Chakren und Reflexzonen, für alle Organe. Die Reflexzonenpunkte an den Füßen entsprechen den sieben Hauptchakren. Für diese Form der Chakra-Therapie massieren Sie die Punkte mit sanften, kreisenden Bewegungen mit zwei oder drei Fingern. Die Chakra-Therapie findet in erster Linie auf der Energie-Ebene, und nicht unbedingt auf der physischen Ebene statt. Sie können sich selbst die Füße massieren, oder – noch besser – sich massieren lassen. Gehen Sie immer ganz sanft vor, ohne tiefe Gewebemassage. Wie wär's mit einer Körperlotion oder eventuell mit aroma-therapeutischen Ölen?

Edelstein- und Kristall-Therapie

Soviel es über die Heilkraft von Kristallen auch zu sagen gibt, sollte man doch nicht vergessen, daß auch sie nur Mittel zum Zweck sind. Letztendlich liegt die Quelle jeder Heilung in uns selbst; es ist unser *höheres Selbst,* für das es viele Bezeichnungen gibt. Geben Sie Ihre Kraft an nichts und niemanden weiter – auch nicht an Kristalle. Hier ist eine Möglichkeit, mit Kristallen zu arbeiten: Sie liegen bequem mit dem Gesicht nach unten oder nach oben und legen auf jedes Chakra einen entsprechenden Edelstein. Bleiben Sie zirka zwanzig Minuten so liegen. Je nachdem wie empfänglich Sie sind, kann dies eine sehr starke Wirkung ausüben. Probieren Sie aus, welche Edelsteine für Sie in Ihrer jetzigen Lebenssituation passen. Ein bestimmter Edelstein ist oft für mehrere Chakren wohltuend. Bergkristall ist beispielsweise für alle Chakren gut.

Sie können die Steine auch bei sich tragen. Am besten *reinigen* Sie die Kristalle vorher – da sie Energien in sich speichern –, zum Beispiel über Nacht in einem Wasserbad mit Meersalz. Wenn es eilig ist, können Sie die Steine auch unter fließendem Wasser reinigen. Eine dritte Möglichkeit ist das Klären in Salbei-Rauch.

Yoga-Therapie und Fitneß-Übungen

Im Kapitel *Sieben Therapien für jedes Chakra* (Teil 2) werden auch Atem- und Körperübungen vorgestellt, die das Aufladen und Öffnen der Chakren aktiv fördern. Sie können diese Übungen entweder einzeln für unausgeglichene Chakren einsetzen oder sie der Reihe nach ausführen: vom 1. bis zum 7. Chakra. Wer die Übungen der Reihe nach macht wird spüren, wie sich die Energie immer mehr aufbaut und schließlich im 7. Chakra gelöst wird. Alle Übungen haben Yoga-Charakter und für jedes Chakra wird auch eine spezielle Yoga-Stellung erklärt. Durch die Farbatmung wird der Effekt noch verstärkt und das Energiefeld noch besser gereinigt.

Meine Empfehlung: Machen Sie die Übungen der Reihe nach; das dauert ungefähr fünfzehn Minuten – ein toller Start in den Tag!

Die *Chakra-Therapie* kann nur einen kleinen Einblick in die Heilkraft eines gereinigten Energiefeldes geben. Wer tiefer einsteigen möchte und sich von bestimmten Therapien besonders angesprochen fühlt, sollte unbedingt weiterforschen, Fachliteratur lesen und Workshops besuchen. Mir persönlich haben viele der Bücher, die ich Ihnen im Anhang weiterempfehle, bei meiner Arbeit geholfen. Die Informationen, die wir brauchen, sind also da! Handeln Sie nach eigenem Gutdünken: *Die Wahrheit liegt in Ihnen selbst!* Lassen Sie sich von Ihrem Herzen und Ihrer inneren Weisheit leiten. Dazu muß der erste Schritt getan werden – und den haben Sie jetzt schon gemacht!

Das Chakra-System – ein Überblick

Zu Beginn unserer gemeinsamen Arbeit wollen wir auf die unterschiedlichen Vorstellungen über Chakren eingehen. Es gibt immer mehr darüber zu lesen, und genauso vielfältig sind die zahlreichen Erklärungen für die Funktionsweise der Chakren oder beispielsweise die Ansichten darüber, wie die Chakren sich drehen: im oder gegen den Uhrzeigersinn, das 1., 3., 5. und 7. Chakra in die eine, das 2., 4. und 6. Chakra in die andere Richtung. Genauso gibt es die Meinung, daß sie sich bei Männern und Frauen verschieden drehen, oder daß sie von oben nach unten und nicht von vorne nach hinten kreisen. Auch über die Farben und die Anzahl der Chakren sowie über ihre Position im Körper herrschen unterschiedliche Ansichten. Ich glaube, daß all diese Überzeugungen ihre Berechtigung haben und auf ihre Art stimmen, denn jeder von uns hat seine individuelle Wahrnehmung. Wichtig allein ist, daß Sie sich auf die Information einlassen, die Sie persönlich am meisten anspricht. Bitte denken Sie daran, während wir uns im nächsten Schritt der Grundidee dieses Arbeitsbuches widmen.

Warum sollte man sich eigentlich mit dem Chakra-System beschäftigen? Was bringt das? Der wichtigste Grund dafür lautet: mehr Ganzheit. Dem Wissen um die Chakren folgt auch das Wissen über sich selbst. Sie haben einen Führer, um Ihr Potential zu leben und so ein reiches, erfülltes Leben zu führen.

Zunächst einmal müssen wir das Konzept der Quantenphysik ansehen: Wir bestehen aus Energie und werden von ihr am Leben erhalten. Die Haut ist nicht das Ende des Körpers; er ist ein immerfort im Wandel befindliches

Energiesystem, in Wechselwirkung mit der Energie um uns. Der physische Körper besteht aus der dichtesten Energie, die auch für das bloße Auge sichtbar ist. Diese Energie bildet weitere Energieschichten um den Körper herum; für ein nicht dafür ausgebildetes Auge sind diese Schichten normalerweise nicht zu sehen. Dieses magnetische *Energie-Ei* umgibt den Körper als *Aura;* die Energie der Aura kommt aus den Chakren.

Das Sanskritwort *Chakra* bedeutet soviel wie *Rad.* Ein Chakra sieht wie eine sich drehende Scheibe aus, ungefähr so groß wie ein Fünfmarkstück; es schließt und öffnet sich wie die Linse einer Kamera. Die Chakren sind Energiezentren, die Information und Lebensenergie aufnehmen und abgeben; sie funktionieren wie Neurotransmitter, die bei der Erregungsübertragung zwischen Nerven, Hormonen und Emotionen freigesetzt werden. Offene Chakren nehmen Informationen aus der Umwelt auf. Es ist nicht so wichtig, ob die einzelnen Chakren ganz offen oder geschlossen sind. Viel wichtiger ist ein insgesamt ausgeglichenes Chakra-System mit harmonierenden Chakren. Je offener die Chakren sind, desto mehr Offenheit können auch Sie ausstrahlen. Leider ist Offenheit in unserer Welt nicht immer angebracht oder ratsam. Deshalb ist ein Ziel: Durch das Erforschen unserer Energiezentren in Einklang mit uns selbst zu kommen, um so die Offenheit der Chakren – je nach Situation – bewußt steuern zu können.

Die Chakren gehören eigentlich zu unserem Astralkörper, aber zum besseren Verständnis werden sie im physischen Körper an den entsprechenden Punkten visualisiert. Wenn Sie sich mit diesem Konzept nur schwer anfreunden können, stellen Sie sich die Chakren einfach im übertragenen Sinn vor. Übrigens: Der Körper enthält Hunderte von Chakren; doch wir werden uns hier – wie in Abbildung 1 dargestellt – auf die sieben wichtigsten sowie zwei weitere Chakren konzentrieren. Diese sieben Hauptchakren stehen über einen *Energiekanal* in Verbin-

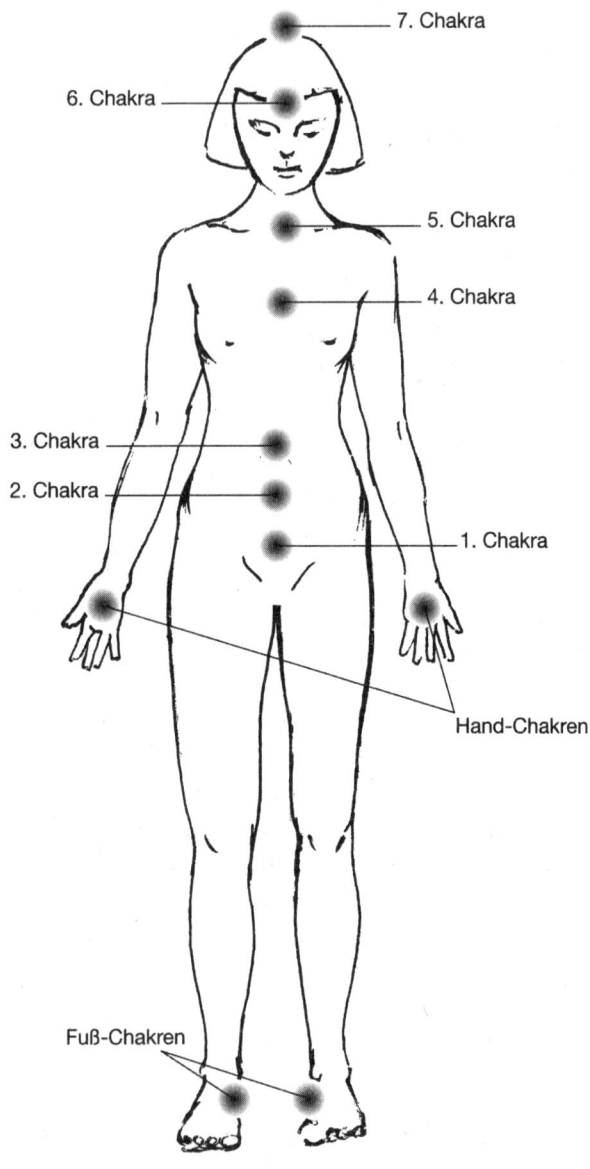

*Abb. 1: Die sieben Hauptchakren
sowie Hand- und Fuß-Chakren*

dung, der hinten an der Wirbelsäule entlangläuft. Sie beeinflussen sich gegenseitig, wie ein hochwertiges, fein gestimmtes Instrument: Deshalb ist eine gute Ausbalancierung so wichtig.

Jedem der sieben Chakren werden bestimmte Körperorgane sowie emotionale und psychische Muster zugeordnet. Denn physische Krankheit macht sich im Ätherkörper, im Energiesystem bemerkbar, noch bevor sie sich im physischen Körper manifestiert. Ich glaube ganz fest, daß ein bewußter Umgang mit dem Energiesystem und seine *Reinigung* so etwas wie Gesundheitsvorsorge sein kann – das ist ein weiterer großer Gewinn aus der Chakra-Arbeit.

Der folgende Überblick zu den sieben Hauptchakren und den beiden Nebenchakren macht Sie mit den einzelnen Energiezentren sowie ihren Eigenschaften und Auswirkungen auf Ihre Person vertraut. Sie erfahren vieles über die Lage und Funktionsweise der Chakren und die entsprechenden emotionalen, mentalen und gesundheitlichen Probleme. Auf die sogenannten *Schnüre* wird im zweiten Teil des Buches noch detailliert eingegangen. An dieser Stelle nur so viel: *Schnüre* sind strangähnliche Energielinien, die eine Verbindung zwischen dem Chakra und einem anderen Menschen darstellen, der damit um Aufmerksamkeit bittet und einen tiefgehenden Einfluß ausüben kann. Nach der kurzen Einführung, die jetzt folgt, werden die einzelnen Chakren ausführlich in dem Kapitel über emotionale, mentale und physische Störungen beschrieben.

Die sieben Hauptenergiezentren

1. Chakra – das Wurzel-Chakra

Lage: Bei Männern am unteren Wirbelsäulenansatz, am Steißbein, bei Frauen zwischen den Eierstöcken.

Funktion: Es wird auch das *Überlebens-Chakra* genannt.

- Es hat eine Verbindung mit dem, was den Körper physisch am Leben erhält: Geld, Nahrung, Schutz ...
- Familiäre *Narben* oder gesellschaftliche und familiäre Informationen, die unsere Vorstellung von der Realität prägen:
  - dazu gehören die nahe und die entfernte Verwandtschaft, Rasse, Bildungsniveau, Familienvermächtnis, die generationenübergreifenden Familienerwartungen
  - *Stammesdenken*; Konzentration auf Loyalität statt auf Liebe, Freundlichkeit und Zärtlichkeit; *Liebe* wird als Stammesverpflichtung mißdeutet: »Wenn du mich wirklich lieben würdest, würdest du mich und deine Familie öfter besuchen.«

Schnüre: Eine Schnur im 1. Chakra bedeutet: »Ich möchte, daß du mir überleben hilfst.«

Mentale und emotionale Themen: Unfähigkeit, einen Job oder eine bestimmte Lebenssituation über längere Zeit zu behalten; nicht engagiert sein; aus Angst handeln; Sicherheitsbedürfnis in der Welt; nicht für sich selbst einstehen können, sich nicht um das Lebensnotwendige kümmern; unerledigte Elterngeschichten; Mißbrauch oder Vernachlässigung in der Kindheit; einschränkende psychologische Programmierung (»du bist dumm«, »du bist ein schlechter Mensch«).

Gesundheitliche Probleme: Ischias; Krampfadern; chronische Kreuzschmerzen; Mastdarmtumore oder -krebs.

2. Chakra – das Milz-Chakra

Lage: Unterbauch bis Nabelbereich.

Funktion: Durch dieses Energiezentrum nehmen wir die Emotionen anderer wahr (*Hellfühligkeit*).

- Bezug zu den alltäglichen physischen Lebensaspekten und zu den Menschen, mit denen wir verbunden sind oder zur Qualität dieser Beziehungen;

- Sexualenergie; der Punkt, von dem aus wir sexuelle Gefühle aussenden und aufnehmen;
- Kreativität;
- Bei Frauen auch als *unteres Herz-Chakra* bekannt.

Schnüre: Eine Schnur im 2. Chakra bedeutet entweder »Ich bin an dir sexuell interessiert« oder »Gib mir deine emotionale Unterstützung, nimm meine Gefühle wahr«.

- Eine Schnur im 2. Chakra muß nicht unbedingt entfernt werden, wenn Sie die damit verbundenen Gefühle genießen.
- Es empfiehlt sich aber, eine solche emotionale Schnur zu entfernen, da dadurch unter Umständen Energie abgezogen wird und in den Emotionen oft Bedürftigkeit anklingt. Es ist einfacher, vom Herz-Chakra aus auf emotionale Bedürfnisse zu reagieren.

Mentale und emotionale Themen: Probleme mit Geld und Sexualität, der Wunsch, andere zu kontrollieren; Schuldgefühle; Macht und Kontrolle in der physischen Realität, emotionale Verwirrung, Angst vor Verlassenwerden, sexuellem oder emotionalem Mißbrauch/Inzest.

Gesundheitliche Probleme: Sexuelle Störungen; Störungen der Fortpflanzungsorgane; Gebärmutterleiomyom; Allergien; Hautprobleme; Hämorrhoiden; Prostata- und Blasenprobleme; Becken- und Kreuzschmerzen; übermäßiger Genuß von Essen oder Sex.

3. Chakra – das Solarplexus-Chakra

Lage: Oberhalb des Nabels, unter dem Brustkorb.
Funktion: Das Solarplexus-Chakra ist der Punkt, von dem aus psychische Energien im Körper verteilt werden; es ist die psychische Energiepumpe.

- Macht-/Kontrollzentrum: Wille, persönliche Macht, Autorität, Selbstkontrolle, Selbstwert.

Schnüre: Eine Schnur im 3. Chakra bedeutet »Ich möchte einen Teil deiner Energie, meine eigene reicht mir nicht«

oder »Lieber arbeite ich mit deiner Energie als für meine eigene verantwortlich zu sein«.

● Es kann auch heißen »Ich will die Kontrolle über dich haben«.

Am besten wird die Schnur entfernt, um sich seine Energie nicht anzapfen zu lassen. Eine sehr feste Schnur in diesem Energiezentrum kann zu einem *Knoten im Bauch* führen.

Mentale und emotionale Themen: Angst, Einschüchterung, mangelndes Selbstvertrauen, Selbstachtung oder Selbstkontrolle; kein Vertrauen zu anderen, Angst vor Verantwortung für sich selbst; Überbewertung von Macht und Anerkennung; Autoritätsprobleme.

Gesundheitliche Probleme: Verdauungsbeschwerden; Magenverstimmung; Magen- oder Zwölffingerdarm-Geschwüre; Anorexie; Bulimie; Bauchspeicheldrüsen-Entzündung/Diabetes; Darm-/Dickdarmprobleme; Arthritis; Leberstörungen; *Speckgürtel* in der Taille.

4. CHAKRA – DAS HERZ-CHAKRA

Lage: Herz, Brustmitte.

Funktion: Das Chakra der Liebe, Affinität, des Mitgefühls und Nährens.

● *Einssein* mit dem Leben: göttliche und bedingungslose Liebe, Vergebung und Offenheit;

● Identitätsgefühl
Verbindungs-Chakra zwischen den drei unteren physischen Zentren und den drei oberen mental-spirituellen Zentren;

● Wird bei Frauen auch als *oberes Herz-Chakra* bezeichnet; das *untere Herz-Chakra* ist das 2. Chakra (Uterus/Sexualität).

Schnüre: Im 4. Chakra bedeuten Schnüre »Ich liebe dich« oder »Ich mag dich«.

● Sie werden vielleicht Schnüre zum 4. Chakra entfernen wollen, einfach um als einziger mit Energie in Ihrem

Körper zu sein; Schnüre im 4. Chakra ziehen allerdings nicht so viel Energie ab wie in anderen Chakren.

Mentale, emotionale Probleme: Kummer und Leid, Unfähigkeit zu verzeihen, Tendenz zu verurteilen; aufgestaute Wut, Feindseligkeit und Kritiksucht; Ich-Bezogenheit; Abneigung, Angst, Bitterkeit; wenig Liebe zum Leben; Unfähigkeit, sich selbst und andere zu lieben oder Liebe anzunehmen. Wenn bei Frauen das *untere Herz-Chakra* aufgrund schlechter Erfahrungen wie Vergewaltigung, Inzest, Mißbrauch blockiert ist, kann auch das *obere Herz-Chakra* nicht wirklich geöffnet werden, bis diese Verletzung angeschaut und der Heilprozeß eingeleitet wird.

Gesundheitliche Probleme: Herzbeschwerden (Stauungsinsuffizienz, Herzinfarkt); emotionale Instabilität; Atemprobleme; Asthma, Allergieanfälligkeit; Lungenkrebs; Bronchialpneumonie; Blutkrebs; unbefriedigende Beziehungen; Schmerzen im mittleren und oberen Rücken- und Schulterbereich.

5. Chakra – das Hals-Chakra

Lage: Halsbereich, am unteren Ende des Kehlkopfs.
Funktion: Das Chakra der Kommunikation, Inspiration, des persönlichen Ausdrucks; seinen Träumen folgen.
- Durch dieses Zentrum wird die innere Stimme empfangen – *Hellhörigkeit*;
- Fähigkeit sich zu nähren und Verantwortung für seine Bedürfnisse zu übernehmen;
- Die Kraft des gesprochenen Wortes – die Wahrheit oder das höhere Wissen aussprechen.

Schnüre: Eine Schnur im 5. Chakra bedeutet »Ich möchte mit dir kommunizieren«, und oft »Ich möchte mit dir reden«.
- Eine Schnur im 5. Chakra sollte am besten entfernt werden, da sie leicht zu Halsschmerzen führt.

Mentale und emotionale Themen: Schüchternheit; Probleme mit dem persönlichen Ausdruck (wahre Gefühle, Gedanken und Überzeugungen); Unfähigkeit, für sich zu sprechen; Probleme, seinen Träumen zu folgen und seine kreative Kraft in der physischen Welt zu entfalten.

Gesundheitliche Probleme: Kommunikations- und Sprachprobleme; Stottern; Schilddrüsen-Beschwerden; geschwollene Drüsen; Temporo-mandibuläre Gelenkprobleme; Zahnfleischprobleme; Geschwüre im Hals- und Mundraum; Wirbelsäulenverkrümmung; Kehlkopfentzündung; chronische Halsschmerzen; krächzende Stimme; Depressionen.

6. Chakra – das Dritte Auge

Lage: Stirnmitte, zwischen den Augenbrauen.
Funktion: Hellsichtigkeit, Zentrum der Intuition, Weisheit, der persönlichen Visionen.

- Dies ist das Chakra der Visualisierung, Phantasie und Einsicht;
- Außerdem das Chakra, mit dem man weiß, wenn andere an einen denken – eine Form der *mentalen Telepathie.*

Schnüre: Eine Schnur in diesem Chakra bedeutet, daß Sie *jemanden im Kopf haben,* der intensiv an Sie denkt, sich überlegt, was Sie gerade denken oder welche Meinung Sie über ihn haben;

- Da solche Schnüre Kopfschmerzen verursachen können, sollte man sie am besten entfernen.

Mentale und emotionale Themen: Angst vor Selbsteinschätzung; intuitive Fähigkeiten und Wissen; Mißbrauch von intellektuellen Fähigkeiten; Angst, für die Ideen anderer offen zu sein; Paranoia und Ängstlichkeit; nicht bereit sein, aus Lebenserfahrungen zu lernen.

Gesundheitliche Probleme: Augenprobleme; Kopfschmerzen; Gehirntumore; Blutgerinnsel; neurologische

Störungen; Blindheit; Taubheit; Wirbelsäulenprobleme; Anfälle/Krämpfe; Verspannungen; Lernschwierigkeiten; Konzentrationsschwäche; Nebenhöhlenprobleme; geistige Verwirrung; fehlendes spirituelles Verständnis sowie Mangel an spirituellen Visionen.

7. CHAKRA – DAS SCHEITEL-CHAKRA

Lage: Am Scheitelpunkt des Kopfes.
Funktion: Das Chakra des *Wissens* und der reinen Intuition; Fähigkeit, den größeren Sinn unseres Lebens zu erkennen.
- Freier Wille und voller Besitz des eigenen Körpers;
- Einstellungen, Glaube, Werte, Ethik, Mut, Mitmenschlichkeit.

Schnüre: Eine Schnur im 7. Chakra bedeutet »Ich möchte dich kontrollieren« oder auch »Ich möchte, daß du meiner Lehre folgst«.
- Manche Gurus oder Religionen pflanzen eine solche Schnur, damit die Menschen ihrer Lehre, diesem Guru oder der Sekte folgen.
- Es gibt spirituelle Lehrer, die damit ihren Schülern das Lernen erleichtern wollen.

Eine solche Schnur sollte entfernt werden, da sie den freien Willen beeinträchtigt.
Mentale und emotionale Themen: Kein Vertrauen zum Leben; Probleme mit Selbstlosigkeit; Unfähigkeit, die größeren Lebensmuster zu erkennen; mangelnder Glaube; fehlende Inspiration; Probleme mit Mitmenschlichkeit; Entscheidungsunfähigkeit; Verwirrung.
Gesundheitliche Probleme: Verlust des freien Willens; Lähmung; Knochenkrebs; Skelettprobleme; Erkrankungen des Muskel- und Nervensystems (Multiple Sklerose und die Lou Gehrig'sche Krankheit); genetische Störungen; tödliche Krankheiten; Gehirnprobleme; Störungen der Zirbeldrüse.

Nebenchakren

An Händen und Füßen befinden sich zwei Gruppen von Nebenchakren.

FUSS-CHAKREN

Lage: In der Fußsohlenwölbung.
Funktion: Unterstützen die Erdung des Menschen.
- Freisetzen von alter oder blockierter Körperenergie.

Schnüre: Durch Schnüre im Fuß wird die Erdung beeinträchtigt, und wir fühlen uns vage und abgehoben wie *von den Füßen gerissen.*
Gesundheitliche Probleme: Fehlende Erdung; Unfähigkeit zu praktischer Umsetzung in der Realität; Weltfremdheit.

HAND-CHAKREN

Lage: In der Handinnenfläche; das Zentrum befindet sich am Punkt zwischen Daumen und Zeigefinger.
Funktion: Sitz der kreativen Energie – wichtig, wenn wir etwas machen oder herstellen.
- Heiler setzen ihre Hände ein, um Heilinformation und Heilenergie zu empfangen und auch weiterzugeben.

Schnüre: Eine Schnur in der Hand bedeutet entweder »Tu es so wie ich« oder »Tu es für mich«.
- Schnüre in der Hand können praktisch alles, was man tut, beeinflussen, vom Kochen bis zum Sportmachen oder Schreiben ...

Gesundheitliche Probleme: Kreative Blockaden (*Schreibblockade*); nicht offen für die Informationsaufnahme über die Welt; Unfähigkeit, etwas in die Realität umzusetzen; Verschlossenheit gegenüber Kreativität und Heilung; Arthritis.

Wo sitzen Ihre Energie-Blockaden?

Nach dieser Einführung in die Chakren können wir nun etwas tiefer in diese Thematik eintauchen. Im folgenden finden Sie Fragen zur Selbstdiagnose. Bitte beantworten Sie sie so ehrlich wie möglich. Dieser von mir entwickelte Fragebogen kann Ihnen helfen, Ihre Chakren kennenzulernen und herauszufinden, ob und welche Ihrer Probleme Chakra-bezogen sind. So können Sie feststellen, wo Ihre Energie blockiert ist. Denn der erste Schritt zu Selbsterkenntnis und Heilung ist das Wissen darum, wo Ihre Blockaden sitzen. Danach folgt die Anwendung einer der empfohlenen Therapien, um die Chakren zu öffnen und ihre Energie zu harmonisieren. Energie ist immer in Bewegung, sie verändert sich tagtäglich. Und so können sich mit der Lösung und dem Loslassen von Problemen – wie Sie es im folgenden Kapitel kennenlernen werden – auch die Antworten auf die Fragen verändern.

Die Selbstdiagnose ist ziemlich umfangreich. Sie müssen die 110 Fragen aber nicht alle auf der Stelle beantworten! Die Antwortblätter finden Sie im Anschluß an die Fragen auf Seite 38ff. Die Nummern der Fragen stehen fortlaufend in der linken Spalte, und einige Fragen betreffen mehrere Chakren. Auf die erste Frage können Sie zum Beispiel in der Spalte 1. *Chakra* und in der Spalte 6. *Chakra* mit Ja oder Nein antworten. Wer diese Frage mit Ja beantwortet, wird beide Male das »Ja«-Kästchen ankreuzen.

Am Seitenende ist in jeder Spalte etwas Platz gelassen: Hier tragen Sie die Summe Ihrer »Ja«-Antworten ein. Am Ende der Spalte 2. *Chakra* zählen Sie also zusammen, wie oft Sie, auf das 2. Chakra bezogen, mit Ja geantwortet haben usw.

Nach Beantwortung aller Fragen zeigt die Spalte mit den meisten »Jas«, welches Energiezentrum am unausgeglichensten ist. Vergessen Sie dabei nicht, daß die Antworten jeden Tag und vielleicht schon im nächsten Moment anders ausfallen können – je nach Stimmung, Erfahrungen und aufgrund anderer Faktoren.

Um die Fragen auch öfters beantworten zu können, sind im Anhang noch extra Antwortblätter angefügt. Wie bereits erwähnt, müssen Sie nicht alle Fragen auf einmal beantworten; dennoch ist es sinnvoll, die Fragen einmal ganz durchzugehen. So können Sie leichter herausfinden, wo Ihre größten Energie-Blockaden sitzen, und zwar die Blockaden, die meist mit Ihren größten Problemen in Verbindung stehen. Dann können Sie die Fragen immer wieder einmal durchgehen und so feststellen, wo gerade eine Resonanz vorhanden ist: immer dann, wenn Sie mit Ja antworten. Auf dem Antwortblatt können Sie dann wieder ersehen, mit welchen Chakren diese Fragen zu tun haben.

Gehen Sie ganz ehrlich an die Fragen heran; es gibt keine richtigen oder falschen Antworten. Bitte auch nicht zu viel analysieren. *Denken* Sie einfach mit dem Bauch und notieren Sie die Antwort, die Ihnen beim Lesen der Frage spontan einfällt. Die Beschäftigung mit den Fragen wird auch Ihre Freude und Abenteuerlust wecken. Aber gehen Sie bitte sanft mit sich um, und genießen Sie das, was Sie auf diesem Weg entdecken!

Selbstdiagnose

1. Fühlen Sie sich *abgehoben*?
2. Haben Sie kürzlich einmal das Gefühl gehabt, als würde Ihnen der Teppich unter den Füßen weggezogen?
3. Machen Sie sich in letzter Zeit immer mehr Sorgen, ob Sie Ihre monatlichen Ausgaben noch bestreiten können?
4. Machen Sie sich Sorgen um Ihre finanzielle Sicherheit?
5. Leiden Sie unter Verstopfung oder Durchfall?
6. Essen Sie mehr als gewöhnlich, vielleicht als Ersatzbefriedigung oder Trost?
7. Stopfen Sie grundlos Essen in sich hinein?
8. Haben Sie Sucht-Tendenzen (z. B. Essen, Sex, Alkohol, Drogen)?
9. Werden Sie auf der Arbeit öfters aggressiv oder wütend?
10. Fühlen Sie sich erschöpft oder energielos?
11. Haben Sie kürzlich den Arbeitsplatz gewechselt oder die Arbeit verloren?
12. Haben Sie kürzlich eine Beziehung beendet oder verändert?
13. Waren Sie kürzlich in einer lebensbedrohlichen Situation (z. B. Autounfall, Feuer, Überschwemmung, Erdbeben)?
14. Ist es Ihnen sehr unangenehm, zu schwitzen?
15. Mögen Sie es nicht, wenn Sie Ihren Körper spüren?
16. Sind Sie grundlos ängstlich oder furchtsam?
17. Verletzen Sie sich leicht (beim Hinfallen, gegen eine Wand laufen usw.)?

18. Haben Sie das Gefühl, daß Sie anderen gegenüber zu empfindsam sind?

19. Lassen Sie sich die Probleme anderer aufladen?

20. Haben Sie eine kreative Blockade?

21. Haben Sie den Kontakt mit Ihren sexuellen Gefühlen verloren?

22. Gehen Sie regelmäßig in Bars oder Nachtclubs, um sich Ihre sexuelle Attraktivität zu bestätigen?

23. Fühlen Sie sich übergewichtig? Wenn ja, konzentriert sich das Gewicht auf einen der folgenden Bereiche?
    a. Brust
    b. Unterbauch
    c. Magen (über dem Nabel)
    d. Hüften und Oberschenkel

24. Empfinden Sie wegen Ihrer Sexualität Scham- oder Schuldgefühle?

25. Sind Ihnen Berührungen, selbst von vertrauten Personen, unangenehm?

26. Haben Sie zur Zeit ungewöhnlich viele sexuelle Phantasien?

27. Für Frauen: Haben Sie irgendwelche Probleme, die mit den Fortpflanzungsorganen verbunden sind? Menstruationsbeschwerden?   Blaseninfektionen? Hefeinfektionen?

28. Für Männer: Haben Sie Schwierigkeiten, eine Erektion zu bekommen oder aufrechtzuerhalten?

29. Haben Sie manchmal mehrere Sexualpartner gleichzeitig?

30. Haben Sie Angst vor Verpflichtungen?
    a. finanzieller Art
    b. sexueller Art
    c. emotionaler Art

31. Können Sie sich an irgendeine Art von Mißbrauch in der Familie erinnern?
    a. körperlich
    b. emotional

c. sexuell
d. verbal

32. Faszinieren Sie ungewöhnliche Sexualpraktiken (z. B. Sado-Maso, Fesseln, Fetische, Pornographie)?

33. Haben Sie Angst, die Kontrolle zu verlieren?

34. Sind Sie jemand, der immer Verantwortung übernimmt?

35. Regen Sie sich auf, wenn etwas nicht so gemacht wird, wie Sie sich das vorstellen?

36. Fällt es Ihnen schwer, mit Veränderungen umzugehen?

37. Brauchen Sie für Ihr Selbstwertgefühl Bestätigung von außen?

38. Fällt es Ihnen schwer sich zu entspannen?

39. Leiden Sie unter Schlaflosigkeit?

40. Passen Sie sich an die Regeln Ihrer Umwelt an?

41. Fühlen Sie sich, wie wenn Ihnen jemand einen Schlag in den Magen verpaßt hätte?

42. Sind Sie anfällig für Verdauungsstörungen? Leiden Sie gerade an einer Magen-Darm-Entzündung oder einem Geschwür?

43. Ist es für Sie wichtig, was andere über Sie denken?

44. Sind Sie kontrollsüchtig?

45. Verlieren Sie die Orientierung, werden Sie nervös, wenn etwas nicht wie geplant läuft?

46. Wird Ihnen vorgeworfen, daß Sie nicht spontan sind?

47. Ordnen Sie andere Leute gerne in Schubladen ein, um sich selbst sicher zu fühlen?

48. Haben Sie große Angst vor Zurückweisung?

49. Machen Sie sich Sorgen, daß Sie zurückgewiesen werden?

50. Haben Sie in letzter Zeit eine Zurückweisung erfahren?

51. Neigen Sie dazu, durch übergroße Freundlichkeit zu kompensieren? Lächeln Sie z. B., wenn Ihnen gar nicht danach ist?

52. Fühlen Sie sich wie erstarrt? Emotionslos?

53. Spüren Sie eine Art Gewicht auf der Brust?
54. Haben Sie Atembeschwerden?
55. Verändert sich gerade Ihr Gefühl dafür, wer Sie sind?
56. Sind Sie sich unsicher, wer Sie sind?
57. Geraten Sie immer wieder in ungute Beziehungen, von denen Sie nur schwer wieder loskommen?
58. Haben Sie in letzter Zeit einen Konflikt mit jemand anderem erlebt und dabei gespürt, wie Sie und Ihre Ideen komplett in Frage gestellt wurden?
59. Kümmern Sie sich so sehr um andere, daß Sie sich um sich selbst zu wenig kümmern?
60. Haben Sie das Gefühl, Sie müßten sich von anderen emotional distanzieren?
61. Haben Sie das Gefühl, daß andere Menschen oder Situationen Sie energetisch erschöpfen?
62. Wie ist das, wenn andere mit einem Problem zu Ihnen kommen? Fühlen Sie sich verpflichtet, mehr zu tun als nur zuzuhören?
63. Möchten Sie es immer allen recht machen?
64. Haben Sie oft Halsbeschwerden, Kehlkopfentzündung oder Ohrenschmerzen?
65. Leiden Sie öfters unter Nebenhöhlenverstopfung?
66. Geraten Sie ins Stottern, wenn Sie ängstlich sind?
67. Werden Sie dauernd darum gebeten, doch bitte lauter zu sprechen?
68. Sie sind an der Reihe, anderen etwas Wichtiges mitzuteilen. Ist Ihr Kopf dann wie leergefegt?
69. Sind Sie schüchtern? Ein stiller Mensch?
70. Haben Sie *einen Kloß im Hals*, wenn Sie Ihre Gefühle ausdrücken wollen?
71. Stellen Sie sich vor, jemanden auszuschimpfen und tun es dann nicht?
72. Halten Sie sich für einen dummen Menschen, der eigentlich nichts Wichtiges zu sagen hat?
73. Glauben Sie an den Satz: »Wer nichts Nettes zu sagen hat, sollte lieber den Mund ganz halten?«

74. Beißen Sie die Zähne zusammen?

75. Knirschen Sie mit den Zähnen?

76. Unterdrücken Sie gerne Ihre Gefühle, egal ob gute oder schlechte?

77. Versuchen Sie, negative Gefühle und Emotionen zu unterdrücken?

78. Benutzen Sie Worte als Waffe (z.B. um jemanden absichtlich kleinzumachen und an seinen Platz zu verweisen)?

79. Benutzen Sie Worte als Schutzschild (um jemanden z.B. auf Distanz zu halten)?

80. Haben Sie Angst davor, in der Öffentlichkeit zu sprechen?

81. Haben Sie Angst davor, laut zu sprechen?

82. Haben Sie Angst davor, eine andere Meinung zu äußern?

83. Leiden Sie öfters unter Kopfschmerzen?

84. Trauen Sie Logik und rationalem Denken mehr als Ihrer Intuition?

85. Neigen Sie dazu, Situationen, Probleme usw. zu sehr zu analysieren?

86. Haben Sie (manchmal? oft?) das Gefühl, Sie würden gleich den Verstand verlieren?

87. Geraten Sie (manchmal? oft?) in Verwirrung?

88. Leiden Sie unter einer Sehschwäche?

89. Verlieren Sie den Kopf in schwierigen Situationen?

90. Dominiert bei Ihnen die linke Gehirnhälfte (logisches, lineares Denken)?

91. Sind Sie bei manchen Geschehnissen in Ihrem Leben total überrascht, und merken im nachhinein, daß die Situation für Ihre Umgebung gleich offensichtlich war?

92. Leben Sie mehr im Kopf? Denken Sie beispielsweise an Sex, anstatt die Erfahrung zu machen?

93. Glauben Sie nur an Dinge, die durch die fünf Sinne (Sehen, Hören, Berühren, Geschmack, Geruch) erfahrbar sind?

94. Wachen Sie trotz genügend Schlaf morgens ganz erschöpft auf?

95. Haben Sie manchmal das Gefühl, Sie würden wie im Nebel herumirren?

96. Erinnern Sie sich nur ganz selten an Ihre Träume?

97. Trauen Sie Ihrer Intuition oder Eingebungen nicht so recht?

98. Haben Sie Zweifel daran, eine Seele zu haben?

99. Glauben Sie, daß nach dem Tod alles vorbei ist?

100. Sind Sie sich unklar über Ihre Aufgabe in Ihrem Leben?

101. Ist Ihnen nur das Hier und Jetzt wichtig – die physische, materielle Welt?

102. Glauben Sie an die Lehren einer organisierten Religion, Kirche, Philosophie, Regierung – *ohne jeden Zweifel?*

103. Verlassen Sie sich oft auf das, was andere Ihnen als richtig oder falsch verkaufen wollen?

104. Verlassen Sie sich oft auf einen Hellseher oder ein Medium, die Ihnen sagen, wo's langgeht? (»Sag mir, was ich tun soll« ist etwas völlig anderes als »Sag mir, daß ich ein guter Mensch bin« oder »Bestätige mir das, was ich bereits weiß«.)

105. Sind Sie der Meinung, daß Sie im Leben keine Wahl haben?

106. Suchen Sie die Antworten nicht in sich, sondern vielmehr außerhalb?

107. Glauben Sie daran, daß alles im Leben vorbestimmt ist?

108. Glauben Sie, daß jemand anderes *die Antwort auf das Leben* hat?

109. Glauben Sie, daß die Suche nach einem spirituellen Leben Zeitverschwendung ist?

110. Ist die Mehrzahl Ihrer Handlungen oder Entscheidungen von einem der folgenden Gründe motiviert?

a. Angst, sich von jeglicher Unterstützung abzu-
schneiden (Nahrung, Schutz und Unterkunft,
Kleidung);

b. Bestätigung erhalten;

c. Sie (die anderen) *wissen es besser als ich*;

d. Sich geliebt und angenommen fühlen;

e. Angst vor Auseinandersetzungen.

Antwortblatt

Frage	1. Chakra		2. Chakra		3. Chakra		4. Chakra		5. Chakra		6. Chakra		7. Chakra	
	ja	nein	ja	nein	ja	nein	ja	nein	ja	nein	ja	nein	ja	nein
1	❑	❑									❑	❑		
2	❑	❑												
3	❑	❑												
4	❑	❑												
5	❑	❑												
6	❑	❑	❑	❑										
7	❑	❑	❑	❑										
8	❑	❑	❑	❑										
9	❑	❑	❑	❑										
10	❑	❑												
11	❑	❑					❑	❑						
12	❑	❑	❑	❑			❑	❑						
13	❑	❑												
14	❑	❑												
15	❑	❑												
16	❑	❑												
17	❑	❑												
18			❑	❑										
19			❑	❑										
20			❑	❑										
Anzahl »Ja«														

Frage	1. Chakra		2. Chakra		3. Chakra		4. Chakra		5. Chakra		6. Chakra		7. Chakra	
	ja	nein	ja	nein	ja	nein	ja	nein	ja	nein	ja	nein	ja	nein
21			☐	☐										
22			☐	☐			☐	☐						
23a							☐	☐						
23b			☐	☐										
23c					☐	☐								
23d	☐	☐	☐	☐										
24			☐	☐										
25			☐	☐										
26			☐	☐										
27			☐	☐										
28			☐	☐										
29			☐	☐										
30a	☐	☐	☐	☐										
30b			☐	☐										
30c			☐	☐	☐	☐								
31a	☐	☐			☐	☐								
31b			☐	☐	☐	☐								
31c			☐	☐	☐	☐								
31d			☐	☐	☐	☐								
32			☐	☐	☐	☐								
33					☐	☐								
Anzahl »Ja«														

Frage	1. Chakra		2. Chakra		3. Chakra		4. Chakra		5. Chakra		6. Chakra		7. Chakra	
	ja	nein	ja	nein	ja	nein	ja	nein	ja	nein	ja	nein	ja	nein
34					☐	☐								
35					☐	☐								
36					☐	☐								
37					☐	☐	☐	☐						
38					☐	☐								
39					☐	☐								
40					☐	☐								
41					☐	☐								
42					☐	☐								
43					☐	☐	☐	☐						
44					☐	☐								
45					☐	☐								
46					☐	☐								
47					☐	☐								
48							☐	☐						
49							☐	☐						
50							☐	☐						
51							☐	☐						
52			☐	☐			☐	☐						
53							☐	☐						
54							☐	☐						
Anzahl »Ja«														

Frage	1. Chakra		2. Chakra		3. Chakra		4. Chakra		5. Chakra		6. Chakra		7. Chakra	
	ja	nein	ja	nein	ja	nein	ja	nein	ja	nein	ja	nein	ja	nein
55							☐	☐						
56							☐	☐						
57			☐	☐			☐	☐						
58							☐	☐						
59							☐	☐						
60							☐	☐						
61							☐	☐						
62							☐	☐						
63							☐	☐						
64									☐	☐				
65			☐	☐					☐	☐				
66									☐	☐				
67									☐	☐				
68									☐	☐				
69									☐	☐				
70									☐	☐				
71									☐	☐				
72							☐	☐	☐	☐				
73									☐	☐				
74			☐	☐					☐	☐				
75			☐	☐					☐	☐				
Anzahl »Ja«														

Frage	1. Chakra		2. Chakra		3. Chakra		4. Chakra		5. Chakra		6. Chakra		7. Chakra	
	ja	nein	ja	nein	ja	nein	ja	nein	ja	nein	ja	nein	ja	nein
76			☐	☐					☐	☐				
77			☐	☐					☐	☐				
78					☐	☐			☐	☐				
79							☐	☐	☐	☐				
80									☐	☐				
81									☐	☐				
82							☐	☐	☐	☐				
83											☐	☐		
84											☐	☐		
85											☐	☐		
86											☐	☐		
87	☐	☐									☐	☐		
88			☐	☐							☐	☐		
89											☐	☐		
90											☐	☐		
91											☐	☐		
92											☐	☐		
93											☐	☐		
94											☐	☐	☐	☐
95	☐	☐									☐	☐		
96											☐	☐	☐	☐
Anzahl »Ja«														

Frage	1. Chakra		2. Chakra		3. Chakra		4. Chakra		5. Chakra		6. Chakra		7. Chakra	
	ja	nein	ja	nein	ja	nein	ja	nein	ja	nein	ja	nein	ja	nein
97											☐	☐	☐	☐
98											☐	☐		
99											☐	☐		
100											☐	☐		
101	☐	☐									☐	☐		
102											☐	☐		
103											☐	☐		
104											☐	☐		
105											☐	☐		
106											☐	☐		
107											☐	☐		
108											☐	☐		
109											☐	☐		
110a	☐	☐												
110b					☐	☐	☐	☐						
110c											☐	☐		
110d			☐	☐			☐	☐						
110e									☐	☐				
Anzahl »Ja«														

Anmerkung: Einige Fragen beziehen sich auf mehrere Energiezentren. Die hier aufgeführten Chakren sind hauptsächlich betroffen; weniger tangierte Chakren sind nicht aufgelistet.

Auswertung

	1. Chakra	2. Chakra	3. Chakra	4. Chakra	5. Chakra	6. Chakra	7. Chakra
Seite 1 Anzahl »Ja«							
Seite 2 Anzahl »Ja«							
Seite 3 Anzahl »Ja«							
Seite 4 Anzahl »Ja«							
Seite 5 Anzahl »Ja«							
Seite 6 Anzahl »Ja«							
Gesamt- anzahl »Ja«							

Emotionale, mentale und physische Gesundheitsprobleme

Fast alle Menschen auf dieser Welt haben Überzeugungen, Verhaltensmuster, emotionale Erlebnisse und Erinnerungen, die wir aus dem ein oder anderen Grund lieber ein andermal anschauen möchten. Im folgenden Abschnitt wollen wir einige dieser Situationen einmal etwas eingehender untersuchen, an ihre Wurzeln gehen und sie ein für allemal loslassen, um so unser emotionales, mentales und physisches Gleichgewicht zu stärken und unsere Lebensqualität zu verbessern.

Lesen Sie dieses Kapitel einmal, um die darin enthaltenen Informationen über Chakra-bezogene Gesundheitsprobleme aufzunehmen. Wenn Sie sich mit den Grundtechniken zum Reinigen der Energie im weiteren Verlauf des Buches vertraut gemacht haben, sollten Sie diesen Abschnitt ein zweites Mal lesen und diese Kenntnisse in die Praxis umsetzen. Noch besser ist es, den Text mit liebevoller, sanfter Stimme auf Band aufzunehmen und sich dann mit geschlossenen Augen bei der Energiefluß-Meditation von der Kassette begleiten zu lassen.

Ich werde gleich einige Szenarien vorführen, wie wir sie wahrscheinlich alle kennen: angelernte Überzeugungen und Verhaltensmuster, die eine Beziehung zu den einzelnen Chakren haben. Sie sollen als Katalysator Ihre eigenen persönlichen Erinnerungen auslösen, so daß einige der versteckten Probleme an die Oberfläche kommen, um angeschaut, freigesetzt und schließlich geheilt werden zu können.

Dieser Prozeß kann ganz sanft sein. Gehen Sie nicht hart mit sich um. Wenn es zu schwierig wird, sollten Sie eine Pause machen, vielleicht ein wenig herumgehen, ein

Glas Wasser trinken und sich so wieder fassen. Dann machen Sie weiter. Hier sei noch darauf hingewiesen, daß wir meist genau dann, wenn Langeweile oder Müdigkeit aufkommt, einer Sache innerlich Widerstand entgegensetzen, oder kurz vor einem Durchbruch stehen. Machen Sie so gut wie möglich weiter, ohne sich zu irgend etwas zu zwingen. Diese Vorlagen sind für die Energiefluß-Meditation gedacht. Da im Text so viele Informationen vermittelt werden, wird nicht viel Zeit auf ein bestimmtes Thema verwendet. Wenn dieses Thema für Sie eine Herausforderung sein könnte, merken Sie sich die Stelle und können es später, nach der Meditation, noch einmal tiefer betrachten. Manchmal genügt das bewußte Wahrnehmen einer Energie-Blockade oder der damit verbundenen Situation, um sie aufzulösen. Wer dann tiefer *gräbt*, läuft Gefahr, diese Situation festzuhalten und eben nicht loszulassen. Auch hier sollten Sie nach Ihrem eigenen Gutdünken handeln. Sie selbst wissen am besten, was richtig ist.

Dieser Text ist kein Ersatz für professionelle Betreuung. Wenn etwas hochkommt, mit dem Sie nicht fertig werden, sollten Sie unbedingt ärztliche oder therapeutische Hilfe in Anspruch nehmen. Sie müssen nicht alleine damit klarkommen. Sie bekommen Unterstützung!

1. Chakra

WURZEL-CHAKRA

Wie denken Sie über das *Überleben*? »Das Leben auf diesem Planeten ist ein Kampf! Geld ist knapp. Früher war alles viel einfacher. Ich wünsche mir so sehr, daß sich jemand um mich kümmert. Zum Überleben muß man stark und hart sein – einer frißt den anderen auf dieser Welt.«

Überzeugungen, die mit dem physischen Überleben zu tun haben, werden in erster Linie mit dem 1. Chakra assoziiert: Nahrung, Geld, Miete, Unterkunft und Schutz, Naturkatastrophen (Erdbeben, Überschwemmungen, Feuer, Hurrikane usw.), vom Menschen verursachte Katastrophen – alles, was Ihr Sicherheitsgefühl in dieser Welt, gleichgültig ob real oder nur eingebildet, beeinflußt. Bei Männern befindet sich das 1. Chakra am Steißbein, bei den Frauen zwischen den Eierstöcken.

Viele unserer Überlebensansichten haben wir als Kinder gelernt: von den Eltern, Geschwistern, Lehrern, aus den Medien, von der Gesellschaft. Dazu gehören nahe und entfernte Verwandte, unsere Rasse, gesellschaftlicher Status, Bildungsniveau, Familienvermächtnis, Familienerwartungen, die von einer Generation an die nächste weitergegeben wurden. Diese alten Programmierungen können umprogrammiert, aufgelöst und durch neue Überzeugungen ersetzt werden, die jetzt für uns stimmig sind. Wichtig ist, daß jedes Problem, das hochkommt, wirklich *aufgelöst* wird. Das erfordert die Bereitschaft zu verzeihen und viel Mitgefühl! Wir empfehlen die Energiefluß-Meditation (Seite 102), die Transformations-Technik (Seite 108) und – ganz besonders wichtig – die Absicht, alles aufzulösen, was in diesem Moment zu Ihrem Besten aufgelöst werden kann. Vertrauen Sie der höheren Kraft in sich!

Zunächst wollen wir uns das Überleben unserer *Spezies* anschauen, was auch immer wir darunter verstehen: die Menschheit, Weiße, Schwarze, Asiaten, Frauen, Männer, Katholiken, Juden, Protestanten, Mohammedaner, Buddhisten usw. Unbewußt wurde uns vielleicht eine Art Stammesgeist vererbt. Am besten ist das an der ersten und zweiten Generation von Einwanderern zu sehen – dem Festhalten am Klan, an Traditionen und Überzeugungen aus dem Ursprungsland, die hier und jetzt nicht unbedingt dienlich sind. Dazu zählen Überzeugungen über Stammesloyalität – nicht zu verwechseln mit Liebe – über den Platz, der einer Frau oder einem Mann in der Familie und in der Gesellschaft zusteht. Wir haben bestimmte Vorstellungen über Pflicht oder Hingabe, opfern vielleicht unser persönliches Wohlergehen zum Wohle des Stammes. Andere Überzeugungen haben wir nicht bewußt übernommen, z. B. »die Familie muß unbedingt zusammenhalten«. Modern ausgedrückt, ist diese Überzeugung gestört und wird durch sogenannte *Enablers* verstärkt. Um der Familie und um des gesellschaftlichen Status willen leugnen wir jegliche Art von Mißbrauch, Inzest, Suchtverhalten oder Korruption. In diesem Bereich gibt es viele Verletzungen, die in der Chakra-Therapie aufgelöst und geheilt werden können. So sind Sie vielleicht in einer Familie aufgewachsen, in der Geld sehr knapp war; dementsprechend haben Sie gelernt, eher bescheiden zu leben und jeden Pfennig zweimal umzudrehen. Um etwas zu bitten war nicht in Ordnung. Wie ist das heute für Sie? Bekommen Sie das, was Sie möchten? Können Sie darum bitten? Wenn nicht heißt das, daß Sie irgendwie noch auf dieser Überlebensebene festhängen. Als Kind war die Ablehnung eines Wunsches gleichbedeutend mit der Zurückweisung Ihrer Person. Ihr Überleben stand auf dem Spiel, denn wenn Mutter oder Vater böse auf Sie waren, hatten Sie Angst, von ihnen verlassen zu werden und damit Ihr Überleben zu gefährden. Für ein Kind ist das eine sehr reale Bedrohung. Wie war das damals für Sie? (Lösen Sie die Probleme auf, die hochkommen.)

Haben Sie als Kind immer im gleichen Haus gelebt? Wenn Sie dieses Glück hatten, schauen Sie sich doch einmal an, was Sie über Veränderung, neue Situationen und Bewegung gelernt haben. Die meisten Menschen ziehen im Laufe ihrer Kindheit mehrere Male um. Familien von Armee-Angehörigen ziehen von einer Stationierung zur nächsten. Wer so lebt, fühlt sich nirgends verwurzelt, und begreift das Leben und sich selbst als etwas Vergängliches. Eventuell hat dies Ihre Kontakt- und Beziehungsfähigkeit beeinträchtigt, Ihre Fähigkeit, Nähe zuzulassen. Was bedeutet *Zuhause* für Sie? Wahrscheinlich viel mehr als nur eine Unterkunft. Doch in Wirklichkeit bezieht sich das Wort *Zuhause* nur auf ein Haus, ein Gebäude. Wie wurde dieser Begriff für Sie persönlich geprägt? Für viele Menschen steht er auch für Sicherheit. Kein Wunder, daß die sogenannten *Obdachlosen*, die kein festes Zuhause haben, Ängste in uns wecken: die Angst, obdachlos und ohne Sicherheit zu leben. Was denken Sie über dieses Thema?

Auch in Beziehungen spielt das Überlebensthema eine Rolle. Das 1. Chakra steht mit Überleben, Sicherheit und Sicherheitsgefühl in Verbindung. Kindern, die in gestörten Familienverhältnissen (z. B. mit einem alkoholabhängigen Elternteil) aufwachsen, wird der Teppich genau dann unter den Füßen weggezogen, wenn sich dieses Sicherheitsgefühl entwickelt. Vater oder Mutter geht auf Zechtour, wird zunehmend ausfällig oder zieht sich innerlich zurück. Es kann auch sein, daß ein Elternteil durch Trennung oder Tod nicht mehr präsent ist. Thema Überleben ... Haben Sie vielleicht gelernt, auf Zehenspitzen herumzuschleichen? Hatten Sie jemals die Möglichkeit, sich wirklich sicher zu fühlen? Eltern wollen immer nur *das Beste*, doch haben wir diese Liebe je wirklich gespürt, haben wir es je gesagt bekommen? »Alles hat einmal ein Ende. Laß es dir ja nicht zu gut gehen, es dauert sowieso nicht ewig ...«

Die Eltern wollten wirklich nur das Beste – doch was wurde Ihnen als Botschaft vermittelt? Daß Glück und Sicherheit nichts Dauerndes waren? Daß jemand anders Ihnen diese Sicherheit wieder wegnehmen würde? Daß Sicherheit etwas mit Überleben zu tun hat?

Beim Erforschen des 1. Chakras sollten Sie es mit angenehmer, goldfarbener Energie füllen und reinigen. Auch rote Farbe kann eingeatmet werden; sie ist in der Farb-Therapie dem 1. Chakra zugeordnet. Gibt es in Ihrem 1. Chakra vielleicht Schnüre, also Energie von jemand anderem, der so auf sich aufmerksam machen möchte? Im 1. Chakra hat eine solche Energie-Schnur etwas mit Überleben zu tun, kann also bedeuten: »Ich möchte, daß du mir überleben hilfst.« Für Kinder ist eine solche Verbindung mit den Eltern etwas absolut Wichtiges und sollte deshalb auch auf keinen Fall entfernt werden, denn bis zu einem gewissen Alter sind sie nun einmal zum Überleben auf die Eltern angewiesen. Anders sieht es aus, wenn das *Kind* inzwischen 30 Jahre alt ist und immer noch an dieser *Überlebens-Schnur* hängt. Da ist eine Überprüfung angesagt. Was haben beide Seiten davon?

Meinen Sie, daß Sie sich um andere kümmern müßten – Kinder, Ehepartner, Mitarbeiter, Eltern? Eine verzwickte Lage! Als Kindern wurde uns beigebracht, daß wir uns auf die Eltern verlassen können. Wie sah es in Wirklichkeit aus? Haben sich die Rollen vielleicht irgendwann vertauscht, so daß es auf einmal die Eltern waren, um die wir uns kümmern mußten? Gibt es vielleicht zwischen Ihnen und Ihren Eltern solche unausgesprochenen Vereinbarungen? Glauben Sie, daß Sie für sie verantwortlich sind, wenn sie alt sind? Gibt es eine Energie-Schnur, weil die Eltern meinen, sie seien zum Überleben auf Sie angewiesen oder weil sie tatsächlich abhängig sind? Sie selbst müssen entscheiden, ob Sie eine solche Schnur entfernen möchten. Ich rate Ihnen sehr dazu, denn Sie brauchen Ihre Energie voll und ganz für Ihr eigenes Überleben. Wenn Ihnen Ihre Energie voll zur Verfügung steht, können Sie auch anderen wieder beistehen. Solange es Schnüre gibt, ist unser Energiefeld blockiert, und darunter leidet unsere Klarheit, Bewußtheit und unser Selbstvertrauen.

Über das 1. Chakra sind wir auch mit der Erde verbunden, *geerdet*. Welcher Art – glauben Sie – ist Ihre Verbindung mit diesem Planeten? Mehr eine Bestrafung und weniger spirituell? Ich habe die Erfahrung gemacht, daß mit einer guten *Erdung* (Grounding) auch spirituelle Informationen für mich leichter zugänglich und einfacher auf die Erde zu bringen sind. Wie die negative und positive Ladung einer Batterie muß ein gesundes Gleichgewicht vorhanden sein, sonst funktioniert die *Batterie* nicht. Um unsere Aufgabe auf der Erde erfüllen zu können, brauchen wir sowohl Geist als auch physische Materie.

Je besser Sie geerdet sind, desto mehr werden andere versuchen, sich durch Sie zu *erden*, vor allem in Beziehungen, insbesondere sexuellen Beziehungen, da hier gegenseitige Erdung mehr Stabilität bringt. Dies ist etwas sehr Menschliches und bis zu einem gewissen Grad völlig in Ordnung. Wenn Sie sich einer solchen Schnur bewußt werden, sollten Sie sich selbst wieder erden: Senden Sie die Energie Ihres Partners oder Ihrer Partnerin zurück, ermöglichen Sie es dieser Person, sich selbst zu erden, und zwar durch die *Verbindung mit dem Planeten* anstatt die Verbindung mit Ihnen. Sonst kann es passieren, daß Sie für diesen Menschen immer ein quälendes Verantwortungsgefühl empfinden, und dabei werden Sie sich verpflichtet und eingeschränkt fühlen.

Wie sieht es aus, wenn Sie selbst sich durch etwas oder jemanden erden, zum Beispiel durch Ihre Arbeit? Dies passiert ziemlich häufig. Sobald unser Überleben bedroht ist, kommt Angst auf, und damit reagieren wir auch aus dieser Angst heraus. Wenn also etwas anderes oder eine andere Person Ihre Überlebensquelle ist, werden Sie immer Angst haben, denn dies ist etwas Äußeres, was Ihnen weggenommen werden kann: Der Partner kann Sie verlassen oder sterben, den Job können Sie verlieren. Deshalb ist die eigene Erdung, die persönliche Verbindung mit dem Planeten, dem Mittelpunkt der Erde, so wichtig. Wir alle kennen Menschen, die aus Angst handeln; sie haben keine Erdung. Sie sind verwirrt, unklar, abgehoben, nervös. Leider haben gerade viele Schauspieler, Künstler, provisionsabhängige Verkäufer und Jungunternehmer mit vielen Überlebensproblemen zu kämpfen: »Wann habe ich endlich wieder einen Auftritt? Was wird wohl passieren? Werde ich gut ankommen? Ist die Show gut gelaufen? Werde ich mein Geld bekommen? Werde ich das Geschäft abschließen können?« Wer sich durch an-

dere oder etwas anderes erdet, untergräbt sein Vermögen,
für sich selbst etwas zu schaffen und sich sicher zu fühlen
oder Vertrauen zu haben. Das 1. Chakra hat etwas mit
dem Urvertrauen zu tun. Wer darauf vertraut, daß Mutter Erde, das Universum, Gott, der Allerhöchste – wie
immer Sie es nennen mögen – für uns sorgen wird, hat
mehr Sicherheit und Vertrauen.

Inwieweit gestehen Sie es sich überhaupt zu, das zu bekommen, was Sie wollen? Auch dies hat viel mit unserer
Kindheit zu tun. Ist es in Ordnung, etwas zu bekommen,
mehr als genug zu haben? War die Botschaft von den Eltern gemischt? Vielleicht wußten Sie ganz genau, daß eigentlich genug Geld da war, und dennoch ging es in der
Familie immer knapp zu. Genausogut kann das Gegenteil
der Fall gewesen sein: Es wurde mehr Geld ausgegeben als
vorhanden war, und irgendwie war man dauernd dabei,
die *Miesen* wieder aufzuholen. Was waren Ihre Lernbot-
schaften in bezug auf Geld, Überfluß und Besitz? Es ist
eine Sache, Geld für etwas Notwendiges auszugeben und
darauf zu vertrauen, daß das Universum uns immer mit
dem versorgt, was wir wirklich brauchen. Etwas völlig
anderes ist es, zuviel auszugeben und immer tiefer in die
Spirale aus Schuldgefühlen, Angst und Wut abzurutschen,
wenn die Rechnungen nicht mehr bezahlt werden können.
Man sollte lernen, mit Geld realistisch umzugehen. Wer
allerdings vor lauter Angst nur noch am Sparen ist, ver-
liert das Vertrauen darauf, daß das Universum für uns
sorgt und bringt sich um die Erfüllung seiner Bedürfnisse.

Die Erforschung des 1. Chakras ist sehr ergiebig, weil so
vieles damit zusammenhängt, zum Beispiel alles, was mit
Geld zu tun hat. Jeder auf diesem Planeten hat irgendwie
mit Geld und Überfluß zu tun. Geld ist nur eine Form des
Überflusses; es ist ganz einfach eine Form von Energie, ein
Stück Papier zum Energieaustausch. Das ist alles. Wie halten Sie es mit dem Geld? Werden Sie für Ihre Leistung angemessen bezahlt? Wie hoch ist Ihr eigenes Selbstwertgefühl? Vor allem gemeinnützige Organisationen haben

manchmal den unausgesprochenen Anspruch, daß der *Dienst am Nächsten* auch bedeutet, daß man nicht die Bezahlung erhält, die man verdient, daß es eine Ehre ist, diese Arbeit zu tun. Wie sieht es in Ihrem Fall aus?

Überfluß – Selbstwert – Wert: Was haben Sie als Kind über Ihren eigenen Wert als Mensch gelernt? Vielleicht, daß Sie erst einmal etwas leisten müssen, bevor Sie die Früchte Ihrer Arbeit – Überfluß, Wohlstand, Anerkennung und Liebe – ernten können? Manche Menschen laufen immer mit der sprichwörtlichen Karotte vor der Nase herum, die sie als Belohnung erhalten, sobald sie das Ziel erreicht haben; leider kommen sie meist nicht am Ziel an, weil es eigentlich unerreichbar ist. Tun Sie das, was Sie gerne tun? All das hat etwas mit Wert, mit der Verbindung zur Erde und dem Urvertrauen zu tun. Wer auf diesem Planeten etwas in die Realität umsetzen will, muß mit ihm verbunden, muß geerdet sein!

Ein anderes Thema ist die Nahrung. Was haben Sie darüber gelernt? Nahrung ist überlebensnotwendig. War das Essen bei Ihnen zu Hause immer knapp, so daß sie schnell essen mußten, um genug zu erhalten? Oder die Vorschriften, wie man *perfekt* zu essen hat: »Du mußt jeden Bissen soundso vielmal kauen, bevor du ihn hinunterschluckst! Den Nachtisch darf man nie als erstes essen!« War Essen für Ihre Mutter, den Babysitter oder die älteren Geschwister ein Mittel, um Ihnen den Mund zu *stopfen*, wenn Sie geschrien haben? Haben Sie gelernt, daß Essen beruhigt und Sie sich dann besser fühlen? Daß Sie durch Essen emotionalen Schmerz beseitigen können? Was gefällt Ihnen am Essen? Nahrung besteht ja nicht einfach nur aus Nährstoffen. Sie hat eine bestimmte Konsistenz, Temperatur, Geschmack – welche dieser Qualitäten ist für Ihr Wohlbefinden wichtig? Haben Sie immer noch einen Heißhunger auf ein bestimmtes Gericht, das Sie als Kind immer bekommen haben, wenn Sie sich nicht gut oder unsicher gefühlt haben, zum Beispiel Spaghetti oder Brot? Gemüse? Quietschige Pilze oder Tomaten?

Welche Ansichten und Überzeugungen vertreten Sie in
bezug auf Nahrung und Ernährung? Lösen Sie Ihre wer-
tenden Meinungen auf, Ihr Urteil über Ihr Aussehen,
Ihren Körper und seine Funktionen. Vielleicht hängen Sie
auch einer bestimmten Ernährungsform an, die Ihnen eigentlich gar nicht liegt? (Sind Sie Vegetarier? Fleisch-
esser? Trinken Sie zuviel Alkohol? Nehmen Sie Abführ-
mittel? Fasten Sie?)

Diese Zeilen haben in Ihnen vielleicht bestimmte Dinge
hochgebracht, und genau dies ist auch der Sinn. Mit diesem Bewußtsein können Sie daran gehen, Blockaden aufzulösen und so Ihr Energiefeld zu klären. Solche bewußt
gewordenen Muster müssen aufgelöst werden, weil
blockierte Energie die Vorstufe von physischer Krankheit
ist. Mit dem 1. Chakra werden unter anderem folgende
gesundheitlichen Probleme (physisch, mental und emotional) in Verbindung gebracht: Ischias, Krampfadern –
die Unfähigkeit für sich einzustehen; chronische Schmerzen im unteren Rücken – mangelnde Unterstützung;
Mastdarmtumore/-krebs – Schuldgefühle, Reueempfin-
den zu Vergangenem, die Unfähigkeit, Dinge *loszulassen*,
um nur einiges zu nennen. Forschen Sie für sich selbst
weiter, machen Sie sich bewußt, welche (Vor-)Urteile für
Sie damit zu tun haben. Dabei kommt auch das Verzeihen mit ins Spiel. Vielleicht können Sie anderen Menschen nicht verzeihen, doch am wichtigsten ist es, daß Sie
lernen, sich selbst zu verzeihen und sich anzunehmen.
Erst dann kann die Heilung stattfinden.

2. Chakra

MILZ-CHAKRA

Sex! Leidenschaft! Gier! Lust! Begehren! Beziehungen!
Süchte! Gewalt! Vergewaltigung! Inzest! Täuschung!
Emotionaler Aufruhr! Kreativität! O ja, das 2. Chakra –

der Stoff, aus dem TV-Träume sind! Unsere heutige Gesellschaft handelt aus der Energie des 2. Chakras! Das sollte nicht mißverstanden werden. Ein gesundes, ausbalanciertes 2. Chakra stellt eine wunderbare, machtvolle, kreative, lebensspendende und künstlerische Energie dar. Doch wenn es aus dem Gleichgewicht ist, kann diese Energie sehr destruktiv sein. Viele spirituell orientierte Menschen haben auf ihrer Suche nach Transzendenz der physischen Ebene mit diesem Chakra gerungen. Es ist ein Energiezentrum, das beachtet werden will. Wenn es jetzt also um die damit verbundenen Themen geht, sollten Sie nicht zu hart mit sich sein. Lösen Sie diese Probleme mit viel Liebe und Verzeihen! Sie können auch orangene oder goldfarbene Energie in das Chakra einatmen. Lösen Sie das, was ansteht, ohne Anstrengung auf, zum höchsten Nutzen aller Beteiligten.

Das 2. Chakra befindet sich im Unterbauch und enthält Erinnerungen, Emotionen und Informationen über Ihre Art, mit anderen in Verbindung zu treten, über Ihre Beziehungen, den physischen Alltag, Ihre kreative und sexuelle Energie. Über dieses Energiezentrum nehmen wir anderer Menschen Emotionen wahr. In diesem Bereich liegen auch die Geschlechts- und Fortpflanzungsorgane, welche deshalb – neben dem unteren Rücken – am anfälligsten für Krankheiten sind, die durch eine Störung dieses Chakras ausgelöst werden.

In der Kindheit entwickeln wir Überzeugungen über uns, unsere Sexualität, unsere Rolle als kreatives, emotionales, sinnliches Wesen auf diesem Planeten. Wie beim 1. Chakra stehen auch mit dem 2. Chakra viele *Programme* in Verbindung, die wir als Kinder zum Wohle des *Stammes* gelernt haben. Oft schlüpften wir unbewußt in solche Rollen, haben beispielsweise Partner geheiratet, die die Bedürfnisse des 2. Chakras erfüllen: Heirat aus Gründen der physischen und materiellen Sicherheit, um Kinder oder einen gewissen sozialen Status zu haben, oder aus Angst vor dem Verlassenwerden.

Was haben Sie über Sex, Sexualität und Sinnlichkeit
gelernt? Wurde Ihnen beigebracht, stolz auf Ihr Geschlecht zu sein, wurden Sie als sexuelles Wesen anerkannt? Wie war es in der Pubertät? Wurden Sie von
Angst- und Schamgefühlen geplagt? Oder waren Sie erregt und selbstbewußt? Können Sie sich (als Frau) noch
an Ihre erste Periode erinnern? Oder (als Mann) an Ihre
erste Erektion? Jagte sie Ihnen Angst ein, oder wußten
Sie, was da vor sich ging? Viele von uns hatten keine Ah-
nung und waren voller Angst, Scham und Verwirrung.
All diese Hormone, die so fremdartige Gefühle verur-
sachten! Wurden Sie von Ihren Eltern unterstützt? Oder
wandte sich Vater oder Mutter, mit denen Sie bis jetzt ein
so enges Verhältnis hatten, plötzlich ab, als Sie erwachsen
wurden? Das kleine Mädchen durfte dann nicht mehr auf
Papas Schoß sitzen, der kleine Junge wurde nicht mehr
von Mama oder Papa geherzt und in den Arm genommen: »Du darfst nicht mehr draußen rumtoben. Junge
Damen tun so etwas nicht!« oder »Jungs spielen nicht
mit Puppen!«

Wurden Sie gescholten, weil Sie stolz auf Ihren sich
entwickelnden Körper waren? Brust – Schamhaar – waren Sie stolz auf Ihren neuen Körper? Gab es Konkurrenz
von Mutter oder Vater, weil Sie plötzlich als junger Er-
wachsener eine Bedrohung darstellten? Auf einmal waren Sie kein Kind mehr, und die Botschaft lautete vielleicht: Es ist nicht in Ordnung, ein sexuelles Wesen zu
sein, es ist nicht gut, sich zu entwickeln und erwachsen zu
werden, weil die Eltern das nicht wollten. Dies wirkt sich
auf die Entwicklung aus. Entwickelte sich Ihr Körper
weiter, oder bekamen Sie die Botschaft, physisch ein Kind
zu bleiben? Mädchen wird oft vermittelt, daß es nicht in
Ordnung ist, eine Frau zu sein, und so verhalten sie sich
männlich aggressiv, um anerkannt zu werden. Manche
Frauen bleiben so in der körperlichen Entwicklung – Brü-
ste, Schenkel, Hüften – lange zurück. Und wie war das
bei den Männern? Durften Sie Ihren Körper entwickeln,

sinnlich sein, sich an sinnlichen Berührungen freuen – an einem schönen Seidenkissen, einem Schal, an Pelz oder Leder? Oder wurden Sie dafür ausgelacht? Kleine Mädchen durften Mamas schöne Kleider anziehen und sich schön machen, bei Jungen war das etwas Schlechtes oder – noch schlimmer – pervers.

Wurde Ihnen vielleicht vermittelt, daß Ihr Geschlecht nicht in Ordnung ist? Haben Sie (als Frau) gelernt, daß in dieser Welt nur Männer erfolgreich sind, so daß Sie Ihren weiblichen Körper und Ihr Frausein ablehnten? Hat Ihnen (als Mann) Ihre Mutter zu verstehen gegeben, daß alle Männer Schufte sind und daß sie Männer haßte? Dann war die Botschaft: »Männer sind Schufte, doch ich bin auch ein Mann, bin ich deswegen auch ein Schuft? Bitte hab mich lieb, auch wenn ich ein Mann bin!« Als Reaktion darauf gingen Sie der Mutter vielleicht aus dem Weg, um zu beweisen, daß Sie *kein Schuft wie all die anderen* sind. Und wie war das für die Frauen unter Ihnen? Haben Sie dauernd versucht, es dem Vater recht zu machen, ohne jemals seine Anerkennung zu erhalten, weil er mit Frauen oder Mädchen nicht umzugehen wußte? Und die einzige Lösung für Sie war, mehr wie ein Mann zu sein. Leider half auch das nichts. Vielleicht wurden Sie gelobt, weil Sie ein *perfektes* Kind waren – besonders schlau, der/die Beste in der Schule, »Mamas guter Junge«, »Papas braves Mädchen«, ein vollkommener kleiner Engel. Solche Prägungen werden im 2. Chakra aufbewahrt und erinnert. Deshalb ist es so wichtig, in diesem Chakra aufzuräumen und die Energie zu klären.

Wurde bei Ihnen zu Hause offen über Sexualität geredet? Oder ging man damit eher verschämt und verlegen um, wurde sie vielleicht sogar völlig abgelehnt und verdrängt? War Sex etwas Schmutziges und Unreines, etwas Schlechtes? Etwas, was man verstecken mußte und über das man mit den Freundinnen kicherte? Standen Ihre Eltern zu Ihrer Identität als sexuelle Wesen? Vermittelten sie Ihnen, daß Sexualität etwas Gesundes und Normales

war? Oder waren Sie unangemessenem sexuellen Verhalten ausgesetzt, wurde diese Grenze überschritten?
Mußten Sie Berührungen ertragen, die Sie nicht wollten,
aber hilflos über sich ergehen ließen? Solche Erfahrungen werden sowohl von Kindern als auch von Erwachsenen gemacht. Es gibt auch so etwas wie *emotionalen
Inzest*, wenn ein Elternteil emotional bedürftig ist. Genauso kann es passieren, daß wir unsere Gefühle und
Emotionen abschalten, um überleben zu können. Gefühle und Emotionen sitzen im 2. Chakra – Trauer und
Wut genauso wie unglaubliche Freude und Leichtigkeit!
Lassen Sie Ihre Emotionen zu, in einem sicheren Rahmen. Lassen Sie Scham, Ärger und Wut los, um sie nicht
gegen sich selbst zu richten. Gehen Sie immer nachsich-
tig mit sich um, selbst wenn Sie es einmal nicht für nötig
erachten.

Eltern und Familie haben unser Beziehungsbild geprägt. Was bedeutet Beziehung für Sie? Sind Sie bezie-
hungsfähig oder -unfähig? Leider lernen viele Menschen
eher dysfunktionale, also gestörte Beziehungsmuster.
Welche Menschen haben Sie früher angezogen? Wie
schaut es jetzt damit aus? Erhalten Sie in Beziehungen
Unterstützung, oder wurden Sie mißbraucht? Mißbrauch
passiert nicht nur auf der physischen, sondern auch auf
der mentalen und emotionalen Ebene, wodurch Ihr
Selbstwertgefühl untergraben wird. Sind Ihnen die Bedürfnisse Ihres Partners wichtiger als die eigenen? Wurden Sie vom Partner akzeptiert oder mit Erwartungen
überhäuft? Wurden Sie mit Ihren ureigenen Verhaltensweisen akzeptiert oder verurteilt? Oder vielleicht beides?
Welcher Teil in Ihnen ließ das zu? Genau diesen Teil müssen Sie jetzt anschauen und loslassen. Verabschieden Sie
sich von allem, was Ihr Bild von Beziehungen in irgend-
einer Weise einschränkt, seien dies nun Beziehungen zu
Arbeitskollegen, zu Freunden oder sexuelle Beziehungen.
Wie sieht Ihre Beziehung zur Welt, zu den Tieren, zu
Geld, zu *sich selbst* aus? Alles ist Beziehung!

Wie treten Sie mit anderen Menschen in Beziehung? Können Sie die Gefühle des anderen fühlen? Jagen Ihnen größere Menschenmengen ein Gefühl der Erschöpfung und der Überforderung ein? Sind Sie Ihrer Meinung nach und auch in den Augen anderer ein sensibler Mensch? Das 2. Chakra ist auch das Chakra der *Klarfühligkeit*, also der Fähigkeit, die Emotionen anderer wahrzunehmen und oft sogar mitzuerleben. Das hat sowohl gute als auch schlechte Seiten. Sie sind zwar vielleicht fähig, andere Menschen sehr genau einzuschätzen, dafür zahlen Sie aber eventuell mit großer Erschöpfung, zuviel Gewicht an Hüften, Schenkeln, Bauch und Gesäß (eine Schutzmaßnahme des Körpers) und mangelndem Vermögen, Ihre eigenen Emotionen von denen der anderen zu unterscheiden. Vielleicht kennen Sie folgende Situation: Sie *beraten* einen Freund und fühlen sich anfangs gut, klar und voller Energie. Am Ende der Unterhaltung sitzen Sie mit eingesunkenen Schultern da, fühlen sich erschöpft und deprimiert; Ihr Freund dagegen fühlt sich wieder wunderbar und dankt Ihnen überschwenglich, sagt Ihnen, wie toll es ihm immer geht, nachdem er mit Ihnen geredet hat. Klingt das vertraut? Ihr *Freund* hat einfach seinen ganzen Mist bei Ihnen abgeladen, eine Schnur zu Ihrem 2. Chakra *geknüpft*; Sie sind sozusagen sein emotionaler Müllplatz. Jetzt sollten Sie unbedingt Ihr Chakra reinigen und klar unterscheiden. Statt auf der Ebene des 2. Chakras und seiner Emotionen ein solches Beratungsgespräch zu führen, ist es besser, dies über das Herz-Chakra zu tun, da seine Schwingung höher ist und Sie Ihre Neutralität leichter bewahren können.

Eine Energie-Schnur im 2. Chakra kann bedeuten »Ich bin sexuell an dir interessiert« oder »Ich will deine emotionale Unterstützung, nimm meine Emotionen ernst«. *Sex-Schnüre* sind in Ordnung, so lange auch Sie sich gut damit fühlen. Gerade von Ihrem Liebespartner kann das durchaus erwünscht sein, weil Sie die sexuelle Verbindung fühlen können. Doch wenn dieses Verlangen gestillt ist, sollte man die Schnur entfernen. Eine emotionale Schnur im 2. Chakra dagegen kann sehr viel Energie kosten und hat oft etwas *Bedürftiges*. Sie sollten sie besser entfernen.

Wie treten Sie mit der Welt in Kontakt? Wann dominiert in Ihrem Leben das 2. Chakra? Ist Ihr Beziehungspartner sehr emotional, bedürftig und hat Sie gern am *sexuellen Haken*? Ganz typisch für Begegnungen auf der Ebene des 2. Chakras ist die Bar-Szene – der Flirt als sexuelle Aufforderung. Manipulieren Sie durch Ihre Sexualität? Zum Beispiel, um einen Job zu bekommen, ein Geschäft abzuschließen, sich gute *Connections* aufzubauen? Es geht hier nicht um Verurteilen. Wenn Sie dieses Gefühl haben, sollten Sie einmal tief durchatmen und sich verzeihen! Vor allem Schauspieler haben sehr oft mit dem 2. Chakra zu kämpfen. Das ist vielleicht sogar der Grund, warum sie diesen Beruf gewählt haben – hier haben sie die Chance, mit all diesen Emotionen in Kontakt zu kommen, sie zum Ausdruck zu bringen und schließlich loszulassen. *Gleichgewicht ist hier wieder das Schlüsselwort!*

Extreme emotionale Schwankungen können zu einer Sucht werden. Alles, womit man seine Stimmung ändern kann, kann potentiell zum Suchtmittel werden. Deshalb steht das 2. Chakra auch in Zusammenhang zum gestörten Umgang mit Alkohol, Essen, Drogen, Sex; dahinter verbirgt sich ein suchtartiges Bedürfnis nach Anerkennung.

Durch Klären und Balancieren des 2. Chakras kann sich positive Kreativität entwickeln. Kunstwerke, Romane, Musik – oder vielleicht die wunderbarste und ehrfurchterweckendste Form der Kreativität – die Geburt neuen Lebens. Wut kann in Leidenschaft umgelenkt werden – die Leidenschaft für das Leben und die Schöpfung. Wer sich ein kreatives Ventil versagt, verstopft damit unter Umständen sein Energiezentrum, wird depressiv und macht den Weg frei für physische Krankheiten: Störungen der Fortpflanzungsorgane, Gebärmutterleiomyom,

Gebärmutterhalskrebs, Prostatakrebs, Hämorrhoiden, Blasenbeschwerden, Allergien, Schmerzen im unteren Rücken und Schambereich, sexuelle Störungen.

Für uns alle stellt das 2. Chakra eine unerschöpfliche Informationsquelle dar. Setzen Sie sich mit diesen Themen auseinander, so schnell oder so langsam es für Sie paßt. Die unteren drei Chakren sind der *physischen Ebene* zugeordnet und können damit eine sehr schwere Qualität haben. Seien Sie geduldig mit sich selbst und mit Ihrem Prozeß. Vertrauen Sie auf die höhere Macht, die Sie führt. Je klarer das Energiefeld ist, desto leichter können Sie auch diese innere Führung in sich aufnehmen. Bringen Sie sich selbst Respekt und Anerkennung entgegen für Ihren Mut und Ihre Bereitschaft, sich auf diesen Weg des Lernens und Wachsens zu begeben.

3. Chakra

SOLARPLEXUS-CHAKRA

Kontrolle – Macht – Grenzen. Was kommt Ihnen bei diesen Wörtern in den Sinn? Wer hat die Kontrolle? Sie? Oder jemand oder etwas anderes? Wer verlieh diese Kontrolle, diese Macht? Was passiert, wenn jemand anders die Kontrolle übernimmt? Fühlen Sie sich dann hilflos? Oder wütend und voller Mißgunst? Wie ein Opfer? Unsere Gesellschaft ist *Macht-bestimmt*; Macht hat einen zu hohen Stellenwert und zu hohe Anerkennung. Man braucht sich nur Regierungen und Militär, die Gesetzgebung, das Schulsystem, die großen erfolgreichen Firmen anzusehen oder sich auf der Wall Street, in Gefängnissen und Terrororganisationen umzublicken.

Bei der Arbeit am 3. Chakra sollten Sie unbedingt goldene Energie visualisieren. Ein helles Sonnengelb ist die Therapiefarbe für dieses Chakra, Sie können also auch Sonnengelb einatmen. Die damit verbundenen Themen und Probleme sind manchmal sehr intensiv, so daß viel hochkommen kann. Gehen Sie auch dabei ohne Härte vor. Nehmen Sie sich Zeit, lassen Sie alles los was hochkommt, aber immer so, daß Sie damit klarkommen können. Anderenfalls sollten Sie unbedingt professionelle Hilfe in Anspruch nehmen.

Unser persönliches Kontrollgefühl oder dessen Fehlen hängt mit dem 3. Chakra zusammen. Überlegen Sie einmal: Haben Sie schon einmal eine Konfrontation mit einer Autoritätsperson gehabt oder sind in einen Machtkampf geraten? Wo haben Sie das im Körper wahrgenommen? Höchstwahrscheinlich im Bauch – einen brennenden *Knoten* oder so etwas wie einen Faustschlag in den Bauch (genau das ist auf der energetischen Ebene auch passiert). Die asiatischen Kampfkünste lehren, daß sich in diesem Bereich, im Zentrum für Harmonie und Erdung, die Lebensenergie *Chi* sammelt. Auch im Sport werden die Bauchmuskeln besonders intensiv entwickelt. Jegliche körperliche und energetische Bewegung geht durch dieses Zentrum.

Eine Blockade in diesem Energiezentrum bezieht oft auch Herz-Emotionen mit ein, was zu Kritiksucht und Verurteilung führen kann. Das 3. Chakra ist die Brücke zwischen dem 2. Chakra (Emotionen, Sexualität, Kreativität) und dem Herzen (bedingungslose Liebe, Identität). Kann die Energie frei fließen, sind wir auch in Kontakt mit unserem Herzen und unserem Mitgefühl, haben mehr Verständnis für uns selbst und andere, wenn Gefühle hochkommen. Sex ohne Liebe kann mit Blockaden im 3. Chakra zusammenhängen. Das gleiche gilt, wenn Sie sich innerlich kalt und distanziert fühlen oder andere für ihre ausgedrückten Gefühle verurteilen. »Wen kümmern schon deine miesen Gefühle?« Das Ausdrücken von Gefühlen kann zu Kontrollängsten führen, vor allem bei Menschen, für die Gefühle etwas so Starkes sind, daß sie sozusagen die Oberhand gewinnen und man selbst völlig *untergeht.*

Welche Situationen führen für Sie dazu, daß Sie sich außer Kontrolle fühlen? Achterbahnfahren? Fliegen? Alkohol? Essen? Drogen? Liebe? Die Arbeit – wenn Sie nicht delegieren können, »weil es ja sowieso niemand richtig macht«? So machen Sie sich größer, um Ihr Selbstwertgefühl zu stärken und Ihre Umgebung zu kontrollieren. Manche Menschen haben ein starkes Bedürfnis, alles um sich herum unter Kontrolle zu haben und festzuhalten, sobald eine Situation außer Kontrolle gerät. Dann gibt es den Über-Boß, den Kontroll-Freak, der seinen Mitarbeitern immer über die Schulter guckt, jeden kleinmacht und genau aufpaßt, wieviel wer arbeitet. Auch das führt dazu, das man sich außer Kontrolle fühlt. Oder Organisationen, bei denen man sich ständig beobachtet und hilflos fühlt *(Big Brother is watching you …)*: Gefängnisse, Institutionen, bestimmte Schulen, wo alles strukturiert und keine Privatsphäre möglich ist, dafür um so mehr strenge Regeln, Bestrafungen und keinerlei Freiheiten existieren. Viele von uns kennen das aus der Kindheit.

Stellen Sie sich einmal vor, Sie seien ein Kind. Bevor man Sie mit Einschränkungen und Grenzen bekanntmachte, waren Sie frei! Ein fröhliches, liebevolles Wesen, das ehrfürchtig und voller Staunen in die Welt blickte. Es war Ihre Welt – das Universum, so wie Sie es sich vorstellten. Doch schon sehr bald kamen Verbote: »Nein«, »das darfst du nicht«, »tu das nicht!« Das kleine Kindergesicht lief rot an, und Sie weinten vor Zorn, Verwirrung und Wut. Andere Kinder müssen die ersten Wochen im Brutkasten verbringen oder wurden von ihren Windeln zu sehr eingeschnürt. Wieder andere versuchen, ihre Umgebung durch ihre Wutausbrüche zu kontrollieren. Irgendwann haben Sie das wahrscheinlich aufgegeben und die *Großen* dadurch versucht zu kontrollieren und Anerkennung zu bekommen, indem Sie *brav* waren. Eine ganze Zeitlang ging das gut: Anerkennung als Möglichkeit, das Gewünschte zu erhalten. Ganz genial! Nur leider brachte auch dieses Verhalten das Gefühl mit sich, außer Kontrolle zu sein, weil Sie nicht Sie selbst sein und entsprechend reagieren durften. Ganz bestimmt durften Sie Ihre Wut nicht herauslassen, und so wurde nicht nur das 2., sondern auch das 3. Chakra einfach *dichtgemacht*.

Damit kommen wir zum nächsten Schritt. Die ersten Regeln wurden uns von unseren Eltern vorgeschrieben, und sie wollten nur unser Bestes. Das gehört auf dieser Welt zur Kindheit dazu. Doch dann kamen weitere Autoritätspersonen ins Spiel. Wie haben Sie die Schule erlebt? Gab es Lehrer, die ihre Autorität mißbrauchten? Horrorgeschichten von Schuldirektoren und Nonnen, die mit dem Lineal bestraften? Schüler, die von ihren Lehrern gedemütigt wurden und in der Ecke stehen mußten, als abschreckendes Beispiel, weil sie sich *schlecht* benommen hatten und sich nicht anpaßten? Jemand mit einem starken Willen konnte dies vielleicht aushalten. Sind Sie vielleicht heute noch ein eher widerspenstiger Rebell, der sich nicht anpassen will? Oder wurden Sie damals so eingeschüchtert, daß Sie nicht aufzumucken wagten, weil alle Macht beim Lehrer war? Manch einer wird so zum scheinbar unsichtbaren Tagträumer. Die Flucht in die Phantasiewelt ist eine Möglichkeit, seine Welt selbst zu schaffen und zu kontrollieren. Waren Sie den Launen von anderen ausgeliefert? Mit welchen Autoritätspersonen haben Sie heute noch Schwierigkeiten? Eltern, Lehrern, Familie? Mit Polizei, Politikern, Rechtsanwälten, Ärzten, Regierungsstellen, Priestern? Mit dem Papst, einem Guru, dem Chef, dem Ehepartner?

Überprüfen Sie, ob Sie im 3. Chakra Schnüre haben. Was ist ihre Botschaft? »Ich möchte dich kontrollieren«? oder »Ich möchte deine Energie, meine eigene reicht nicht«? Vor allem Menschen, die keine Selbstverantwortung übernehmen wollen, zapfen oft über eine Energie-Schnur die Energie anderer an: »Ich will keine Verantwortung für mich und mein Tun übernehmen, doch ich weiß, wenn ich deine Energie nehme, wirst du dich für mich verantwortlich fühlen.« Diese sogenannte *Code-pendenz,* die gegenseitige Abhängigkeit, kann zu einer Sucht werden. Nicht zufällig befinden sich Nabel und Nabelschnur genau im 3. Chakra. Ist Ihre Mutter vielleicht noch immer mit Ihnen so verbunden? Oder Sie mit Ihrer Mutter? Brauchen Sie immer noch ihre Anerkennung und lassen sie Ihr Leben kontrollieren? Die Kontrolle der Mutter dürfte eher subtil gewesen sein, die des Vaters dagegen unverhohlen und offen. Sind Sie passiv-aggressiv? Passiv, nett und verständnisvoll, bis das Maß voll ist und Sie zuschlagen? Eine erschreckende Erfahrung, die wohl viele von uns kennen. Wer hat im Stau nicht schon einmal mit seinem Auto seinen Frust abgeladen? »Dich laß ich nicht rein, du Vollidiot, wer bist du denn? Schließlich läßt mich ja auch keiner rein!« Die Autobahn des 3. Chakras ...

Was haben Sie daraus über Kontrolle in Beziehungen gelernt? Über die Nabelschnur entstand die Beziehung zu den Eltern, die alle anderen Beziehungen prägt. Was immer wir im 3. Chakra gelernt haben, wird immer wieder in Beziehungen einfließen, bis wir fähig sind, als Erwachsene miteinander in Verbindung zu treten. Falls wir das jemals lernen ... In der Transaktionsanalyse ist die Rede von der Dynamik von Beziehungen. Sind Sie immer Vater oder Mutter, die das Kind kontrollieren, sich kümmern und sich dem Partner, Kollegen oder Freund immer überlegen fühlen? Oder schlüpfen Sie in die Rolle des Kindes: »Kümmere dich um mich. Ich will keine Verantwortung haben. Ich gebe meine Macht an dich ab. Führe du mein Leben.« Oder die Rollen vertauschen sich ständig. Auch hier gilt es wieder sich nicht zu verurteilen, sondern diese Dinge mit Mitgefühl und Nachsicht anzuschauen. Wir haben gelernt, das einzige Rollenmodell zu kopieren, nämlich die Beziehung der Eltern miteinander und mit uns. Das Umlernen, nämlich der Kontakt von einem Erwachsenen zum anderen, muß ein bewußter Lernprozeß sein.

Wie steht es mit Ihrer Fähigkeit, schlechte Nachrichten zu verdauen? Regen Sie sich so auf, daß Sie keinen Bissen mehr hinunterbringen? Sind Sie dauernd im Streß? Haben Sie Geschwüre? All das hat mit einem unausgeglichenen 3. Chakra zu tun: Verdauungsbeschwerden, Verstopfung, Darmprobleme, Bauchspeicheldrüsen-Entzündung oder Diabetes, Leberstörungen. Die Eßstörungen Anorexie und Bulimie haben mit mangelndem Selbstwertgefühl zu tun und einem Gefühl des Kontrollverlustes, so daß man sich sozusagen nur noch dadurch kontrollieren kann, indem man sich buchstäblich zu Tode hungert. Männer mit Kontrollproblemen erkennt man leicht an einem übergroßen Magen. Stellen Sie sich zwei Männer mit großen Bäuchen vor, die sich gegenseitig anstoßen und mit dem Finger aufeinander zeigen – ein Bild von Macht und Einschüchterung, ein Exzeß!

Wer sein Energiefeld klären kann, ist nicht äußeren Kräften ausgeliefert und braucht nicht mehr auf andere zu reagieren, die ihn kontrollieren wollen. Ist unsere Energie blockiert, haben wir wahrscheinlich entweder das Bedürfnis, auf die anderen loszugehen, in Tränen auszubrechen oder innerlich alles zurückzuhalten, bis wir explodieren. Wird diesen Energien und Emotionen die Kraft entzogen, kann man auch wieder die Kontrolle über sich selbst und sein Leben zurückgewinnen. Dann haben wir so viel Sicherheit in uns, sind so sehr im Frieden und zentriert, daß das, was um uns herum geschieht und gesagt wird, unser Verhalten nicht kontrollieren kann. Denn wir können immer wieder zu diesem Ort der Neutralität und klaren Entscheidung zurückkommen. Ein gesundes, ausbalanciertes 3. Chakra schafft ein Gefühl des Friedens und der inneren Harmonie mit uns selbst, dem Leben und unserem Platz darin. Wir können uns, unsere Gefühle und Erfahrungen und auch die der anderen respektieren. Es gibt so viel Freude, Licht und Liebe in jedem Menschen!

4. Chakra

HERZ-CHAKRA

Das Herz-Chakra! Wie wunderschön es ist! Es ist das Zentrum des Chakra-Systems und fungiert als Brücke zwischen den drei unteren physischen oder emotionalen Chakren und den drei oberen geistigen Zentren. An diesem Ort kommt das Beste aus diesen beiden Welten zusammen und ermöglicht so Heilung und Transformation für uns selbst und andere. Mit der Öffnung des Herz-Chakras wächst auch die Fähigkeit, sich mit der höheren Kraft in uns zu verbinden. Das Herz-Chakra strahlt Liebe und Vergebung aus. Hier wird unsere Liebesfähigkeit entwickelt. Wer für diese Liebe offen ist, ist auch empfänglich für die Führung der inneren Weisheit, der *Weisheit des Herzens*.

Lassen Sie schöne, goldfarbene Energie in Ihr Herzzentrum fließen, um so eventuell hochkommende Geschichten aufzulösen. Auch rosafarbene oder grüne Energie, die Therapiefarben für dieses Chakra, können helfen. Im Herz-Chakra können sehr tiefgreifende Heilungsprozesse stattfinden; gehen Sie sanft und mitfühlend mit sich um; auch Humor und Freude sollten nicht fehlen.

Manche Menschen haben ein so großes Herz-Chakra, daß sie am liebsten die ganze Gemeinschaft hineinlassen und das ganze Universum mit ihrer Energie nähren würden, wenn das ginge. Theoretisch hört sich das wunderbar an; praktisch gesehen hätte das allerdings einen ziemlichen Energieverlust zur Folge. Gehören Sie auch zu denen, die immer andere bemuttern, versorgen, ihnen zuhören und sich um die anderen zuerst, und erst dann um sich selbst kümmern? Ist auch Ihre Küche oder Ihr Büro immer voller Leute, die Sie um Rat fragen? Ist Ihr Heim immer wieder Zufluchtsstätte für streunende Katzen und Hunde und oft auch für andere Leute? Solche Menschen erkennt man am großen Brustkorb und am großen Busen – dem Symbol der Liebe und des Nährens. Hier geht es nur um bewußtes Wahrnehmen, nicht um *richtig* oder *falsch*.

Wer bin ich? Welches Bild habe ich von mir? Das Herz-Chakra hat auch mit dem Identitätsgefühl zu tun. Wer seine Chakren und dadurch auch seine Überzeugungen und alten Programmierungen immer mehr ins Bewußt-sein holt und hochkommende Probleme löst, wird höchstwahrscheinlich nach und nach sein Selbstbild ver-ändern. Heilung und Identitätsveränderungen finden hauptsächlich im Herz-Chakra statt. Wie sehen Ihre Bil-der und Konzepte von sich selbst aus, von dem, was Sie sein sollten? Woher kommen diese Vorstellungen? Wer hat Ihnen gesagt, daß Sie unbedingt Karriere machen müßten? Daß nur akademische Titel zählen? Daß Sie nicht Ihrem Herzen folgen sollten, weil dies dumm und falsch sei? Wie sahen die Botschaften aus, die Sie erhiel-ten? Wer hat Ihnen das Herz gebrochen? Jetzt können Sie diesen Schmerz und die alten Verletzungen loslassen und statt dessen Vergebung und Liebe in Ihr Herz lassen, in dem Wissen, daß Gott Sie schützen wird. Wer sagte Ihnen das erste Mal, daß Vertrauen manchmal nicht angebracht sei? Wer hat Sie verraten? Kinder haben ein wunderbar offenes Herz – das sieht man gleich; sie haben eine un-bändige Lebensfreude und Präsenz. Noch hat ihr weit of-fenes Herz nichts Negatives erlebt. Wir können wieder dahin zurückkehren! Wie haben Sie das erste Mal die Er-fahrung gemacht, daß Offenheit Ihre Sicherheit gefähr-det? Sie müssen sich nicht daran erinnern, doch wenn Bil-der hochkommen, sollten Sie sie loslassen und auflösen, analysieren ist nicht notwendig. Gab es in Ihrer Kindheit Verletzungen oder Verrat, Enttäuschungen, einen Ver-lust? Auch der Verlust eines Haustieres zählt dazu; für Kinder sind sie Teil der Familie. Wer hat Sie verlassen – Bruder oder Schwester, die Eltern, der beste Freund? Ist jemand gestorben oder ohne Vorwarnung weggezogen, hat jemand Sie ohne Grund verlassen? Haben Sie an dem

Kummer festgehalten und Verlustängste entwickelt? Haben Sie Angst vor Nähe und Liebe – echter Liebe? Wahrscheinlich kennen wir das alle: Wir ließen jemanden nahe kommen und stießen ihn dann zurück, weil wir uns nicht so verletzbar machen wollten. Wir hatten Angst, daß wir unsere Identität, unser Herz, uns selbst verlieren würden.

Wann haben Sie Ihr Herz-Chakra verschlossen? Wer aus Ihrer Familie, Ihrem Freundes- und Kollegenkreis ist kalt und stoisch und läßt keine Gefühle und Emotionen zu? Wer hat die Lebenseinstellung »Ich lasse niemanden nah an mich heran, damit niemand mich verletzen kann. Ich möchte nicht verletzbar sein. Das Risiko gehe ich nicht ein.« Haben auch Sie selbst so eine Programmierung? Verurteilen Sie sich nicht dafür. Lassen Sie los und verzeihen Sie sich. Vergebung ist mit dem Herz-Chakra assoziiert – Vergebung für sich selbst und andere, und auch die göttliche Vergebung. Es ist ganz in Ordnung, wenn Sie im Moment jemand anderem seine Übergriffe nicht verzeihen können; erzwingen Sie nichts. Am wichtigsten ist es, sich selbst zu vergeben und zu wissen, daß Gott uns liebt.

Wer aus Ihrer Familie, Ihrem Kollegen- und Freundeskreis hat Einfluß auf Ihre Identität? Mit Veränderungen geht auch eine Veränderung des Selbstgefühls, der Identität einher. Menschen, die dies nicht akzeptieren können, verschwinden aus Ihrem Leben. Sie sind an Ihrem alten *Ich* interessiert und lehnen das neue ab. Lassen Sie diese Menschen gehen und seien Sie lieber mit anderen zusammen, die Ihr neues, wahres Ich unterstützen. Wer bestärkt Sie? Wer nicht? Ablehnung können Sie im Herz-Chakra spüren, meist äußert es sich als Verspannung im Rücken, als Traurigkeit, ein Gefühl von Dunkelheit. Mit einem blockierten Herz-Chakra wird man leicht zu jemandem, der es allen recht machen will, weil man so sehr auf die Bestätigung von außen angewiesen ist. Nehmen Sie sich jetzt die Zeit, sich selbst zu bestätigen. Stellen Sie sich eine schöne rosafarbene oder grüne *Bestätigungskugel*

vor, die Sie in Ihr Herz-Chakra einatmen und es so mit
Liebe und Mitgefühl für sich und andere füllen.

Hatten Sie jemals im Leben Asthma oder Bronchitis,
Lungenentzündung oder Herzprobleme? Dies sind alles
Krankheiten, die mit dem Herz-Chakra zusammenhängen. Asthma kommt oft von einem Gefühl des *Erstickens*
– *erstickende Liebe* – ein Gewicht auf der Brust und im
Herzen, als ob jemand darauf sitzt. Das können Sie jetzt
loslassen. Das 2. und 4. Chakra stehen auf einzigartige
Weise miteinander in Beziehung. Die Gebärmutter (im 2.
Chakra) wird auch als *unteres Herz* bezeichnet, das physische Herz ist das *obere Herz*. Wenn das untere Herz
(also das 2. Chakra) bei einer Frau durch Vergewaltigung, Mißbrauch oder Inzest blockiert ist, kann die Frau
ihr oberes Herz nicht öffnen, bevor der Heilungsprozeß
im unteren Herzen einsetzt. In unserer Kultur schließen
Frauen oft ihr unteres Herz (Sexualität und erotische Bedürfnisse), weil bei uns *brave Mädchen nicht sexuell* sind.
Doch gleichzeitig dürfen wir über das Herz-Chakra Emotionen und Gefühle zeigen – und so ist der Konflikt zwischen dem 2. und 4. Chakra vorprogrammiert.

Forschungsstudien von Dr. Christiane Northrup zeigen, daß zwischen Patientinnen mit Gebärmutterhalskrebs (2. Chakra) und Patientinnen mit Brust- oder Lungenkrebs (4. Chakra) Persönlichkeitsunterschiede bestehen. Die Hälfte der in einer Studie untersuchten Patientinnen mit Gebärmutterhalskrebs hatten zum Beispiel
ihren Vater in der Kindheit verloren, entweder durch Tod
oder durch Trennung. Diese Patientinnen zeigten typi-
scherweise auch andere, mit dem 2. Chakra assoziierte
Züge: mehrere Male verheiratet, meist Sex mit ungelieb-
ten oder nicht respektierten Partnern, Unzufriedenheit
mit der Figur, das Gefühl, in der Kindheit vernachlässigt
worden zu sein. Bei der Vergleichsgruppe der Brustkrebs-
patientinnen (mit dem 4. Chakra assoziiert) war der Vater dagegen emotional distanziert (ein Verhaltensmuster,
das dem 4. Chakra zugeordnet wird). Ein Großteil dieser

Patientinnen führte eine unglückliche Ehe oder hatte als Kind Verantwortung für die jüngeren Geschwister. Außerdem neigten sie dazu, sich nicht genug um sich selbst zu kümmern, sowohl was ärztliche Hilfe als auch physische Ernährung anging.

Mit wem sind Sie im Herz-Chakra über eine Schnur energetisch verbunden? Die Botschaft solcher Schnüre lautet meist: »Ich mag dich« oder auch »ich liebe dich«; daran könnte allerdings auch eine Bedingung geknüpft sein: »Ich liebe / mag / schätze dich, *wenn* ... Entfernen Sie solche Schnüre sanft und ohne Gewalt. In manchen Fällen ist es auch in Ordnung, die Schnur einfach zu behalten, zum Beispiel wenn damit einfach nur ein Gruß verbunden ist und jemand an Sie denkt. Dann können Sie diese Nähe noch eine Weile genießen und die Schnur später entfernen. Zu viele Schnüre sind nicht wünschenswert, weil Sie dann nicht mehr mit Ihrer eigenen Energie leben, sondern mit der Energie und damit auch den Einstellungen und Konditionierungen anderer Menschen. Doch wie gesagt: Wenn durch diese energetische Verbindung Ihre Kraft nicht erschöpft wird, ist das kein großes Problem. Wir müssen nicht *Schnur-frei* sein. Das würde höchstens bedeuten, daß wir keine liebevolle Verbindung mit unseren Mitmenschen aufbauen können. Kennen Sie das Konzept der *Herz-Schnüre*? Das läßt sich ganz wörtlich nehmen; es sind kleine Schnüre, die wir aus dem Herz-Chakra aussenden, um Liebe zu empfangen. Wie sieht das bei Ihnen aus? Wen haben Sie über eine Schnur an sich gebunden? Sie sollten sich bewußt klarmachen, ob Sie diese Verbindung weiter aufrechterhalten oder lieber wieder unabhängig über Ihre Energie verfügen wollen. Von welchen Menschen möchten Sie Anerkennung oder Liebe? Wenn die Zuneigung nicht im gleichen Maße erwidert wird, kann das eine schmerzhafte Erfahrung sein. Dann sollten Sie diese Herz-Schnüre entfernen, Ihre Energie wieder in Besitz nehmen und Ihr Herz mit Ihrer eigenen Liebe und Anerkennung füllen.

Vor allem Eltern und Ehepartner verbinden sich gerne über eine Schnur im Herz-Chakra mit dem Partner oder Kind, denn es kann leicht als *Liebe* durchgehen. Doch manchmal geht diese Schnur weiter nach unten ins 3. Chakra, und dann werden an diese Liebe *Bedingungen* geknüpft: »Ich liebe dich – aber ich will die Kontrolle über dich haben. Wenn du dies und das machst, liebe ich dich ...«

Sind Sie davon überzeugt, daß *Spiritualität* bedeutet, ein liebevolles, offenes Herz zu haben und *keine Grenzen* zu setzen? Diese Vorstellung ersticken Sie besser sofort im Keim. Liebe und Mitgefühl für sich selbst beinhaltet auch, daß wir Grenzen setzen können und damit liebesfähig werden. Ein Leben und Handeln aus dem Herz-Chakra heißt nicht, daß wir immerzu nett und lieb sein und alle Welt umarmen müssen! Das hat nichts damit zu tun, daß etwas *aus dem Herzen kommt.* Gewiß passiert dies manchmal, doch dann sollten Sie klar unterscheiden. Eine Schnur erkennt man daran, daß man zwanghaft an die entsprechende Person oder Gruppe denkt und dann eben nicht mehr klar ist. Grenzen setzen ist wichtig! Liebe heißt nicht, daß Sie den Fußabstreifer spielen müssen! Sich selbst lieben heißt vielmehr, daß Sie sehr klar entscheiden, was Sie in Ihrem Leben haben wollen und was nicht.

Das Herz-Chakra hat große Heilkraft. Mit einem offenen Herzen reicht manchmal schon ein Blick oder ein Gedanke für eine heilende Wirkung, bei uns selbst und anderen. Das Herz spielt ein große Rolle bei beratenden Gesprächen (Zuhören aus dem Herzen), Heil- und Transformations-Prozessen. Sie müssen sich jedoch darum kümmern, daß es klar und unblockiert bleibt. Sobald Ihnen etwas das *Herz schwer macht*, müssen Sie Grenzen ziehen. Sie können auch liebevoll mit Menschen umgehen, ohne diese im Herz-Chakra sitzen zu haben. Sie können sie dann sogar noch besser lieben und unterstützen.

In den Energiezentren und vor allem im Herz-Chakra tragen wir einiges an Ballast mit herum: Kindheitsängste,

Ablehnung, Verletzungen. Nehmen Sie sich jetzt die Zeit, um in Ihrer Vorstellung einen rosa-, grün- oder goldfarbenen Energiestrom sanft durch Ihr Herz-Chakra fließen zu lassen und damit all die alte blockierte Energie freizusetzen und – wenn es für Sie stimmig ist – loszulassen und auszuschwemmen. Lassen Sie statt dessen Ihre bedingungslose Liebe, Akzeptanz und Vergebung in Ihr Herz. Wenn bestimmte Bilder von Menschen oder Situationen hochkommen, umhüllen Sie auch diese mit der rosafarbenen Energieblase, um so eventuellen Groll und Verletzungen aufzulösen und mit Ihren guten Wünschen zu füllen. Diese Energieblase lassen Sie dann ganz hoch hinaufsteigen. Jetzt können sie sich von all diesen Beschränkungen freimachen und mit guter Energie füllen.

Ein offenes Herz-Chakra läßt auch die Kreativität fließen, da wir wieder mehr mit unserer kindlichen Unschuld, Freude und Freiheit in Kontakt sind. Auch heilende Kräfte werden geweckt, so daß beispielsweise eine Berührung heilsam sein kann. Vielleicht spüren Sie sogar die Wärme der Heilenergie, die aus dem Herz-Chakra über die Arme durch die Hände strömt. Mit entsprechender Anleitung und Praxis können Sie diese Heilkraft auch anderen zugute kommen lassen, zum Beispiel als Massage- oder Körpertherapeut oder als Geistheiler.

Bei der Erforschung des Herz-Chakras stellt sich Ihnen vielleicht auch die Frage nach Ihrem *Herzenswunsch*. Sie können die rosafarbene, goldene oder grüne Energie einatmen und sich dabei vorstellen, wie Ihr höheres Selbst auf Sie zukommt und ein Geschenk mitbringt, das Sie empfangen. Sie sind dieses Geschenk wert! Die Gabe kann Ihnen bei der Klärung Ihrer Frage helfen; vielleicht ist es ein Werkzeug, eine Inspiration, ein paar liebevolle Worte. Bestätigung. Auf dieses Geschenk können Sie immer zugreifen. Ein offenes, ausgeglichenes Herz-Chakra öffnet uns auch für die höhere Macht, die göttliche Liebe, Inspiration und Vergebung. Hören Sie auf die Weisheit des Herzens!

5. Chakra

HALS-CHAKRA

Dies ist das Chakra der Kommunikation, des persönlichen Ausdrucks und der wahren Worte! Es befindet sich am unteren Ende des Kehlkopfs; wenn wir unsere *Hellhörigkeit* entwickelt haben, sind wir damit auch für unsere *innere Stimme* oder innere Führung zugänglich. Ein gestörtes Hals-Chakra hat unter anderem folgende Krankheitsbilder zur Folge: chronische Halsbeschwerden, Hals- und Mundgeschwüre, Zahnfleischerkrankungen, Temporo-mandibuläre Gelenkprobleme (Schläfenbein/Unterkiefer), Wirbelsäulenverkrümmung, Schilddrüsen-Erkrankungen, geschwollene Drüsen, Kehlkopfentzündung, Stottern. Haben Sie oder ein anderes Familienmitglied je mit diesen Krankheiten zu tun gehabt?

Gehen Sie auch bei diesem Chakra wieder vorsichtig vor. Ein bereitgestelltes Glas Wasser ist hilfreich, wenn die Kehle trocken und eng wird, weil etwas hochkommt. Auch das Einatmen von hellem Himmelblau beruhigt und klärt das Hals-Chakra. Wenn Ihre Wertungen auftauchen, vergeben Sie. Seien Sie liebevoll und mitfühlend mit sich selbst.

Wie ist es für Sie, die Wahrheit zu sagen? Ist das eine angstbeladene Situation? Schon sehr früh hat man uns beigebracht, daß es nicht angeraten ist, den Mund aufzutun: »Kinder sollte man sehen, aber nicht hören. Wenn du nichts Nettes zu sagen hast, halt den Mund.« Wenn Sie den Mund doch aufgemacht haben, mußten Sie dann Schläge einstecken, damit Sie sich das ein für allemal aus dem Kopf schlugen? Wie sind Sie programmiert worden, wenn es um das Ausdrücken Ihrer wahren Gefühle ging? Manchmal steht eine Überlebensangst dahinter, die Überzeugung, daß Sie dem Untergang geweiht sind, wenn Sie den Mund auftun. Vor allem wenn das, was Sie zu sagen haben, im Moment nicht so gern gehört wird oder bestimmte Strukturen bedroht. Man denke an all die unschuldigen Frauen und Männer, die während der Hexenverfolgungen hingerichtet wurden, an all die Menschen, die als Verräter gebrandmarkt wurden, weil sie etwas gegen die Regierung sagten. Wer dem *Boß* widersprach, wurde ausgepeitscht. Die Angst, den Mund aufzutun, ist also sehr reell, vielleicht nicht so sehr in der Gegenwart, aber sicherlich in der Vergangenheit, und das wirkt sich bis heute aus. Denn Angst wird von einer Generation auf die nächste weitergegeben. Dauernd wird uns die Botschaft vermittelt still zu sein. Lösen Sie die damit verbundenen Probleme, die vielleicht jetzt bei Ihnen jetzt vielleicht hochkommen, auf. Halten Sie in Ihrer Beziehung mit der Wahrheit hinter dem Berg, aus Angst verlassen zu werden? Haben Sie einmal diese Erfahrung gemacht? Sie müssen sich nicht von solchen Angstbildern leiten lassen. Lösen Sie die Angst und das damit verbundene Problem. Sie haben die Sicherheit, Ihre Wahrheit auszusprechen: das ist Ihr Ziel.

Oder sind Sie eine Art *Volksredner*? Das hat nichts mit Wahrheit zu tun. Wenn Sie jemand anderem Ihre Worte, Ideen, Gedanken aufdrängen, sprechen Sie damit nicht unbedingt die *Wahrheit* aus, sondern verteidigen vielmehr Ihren Standpunkt, dessen Sie sich selbst nicht so sicher sind. Wieviel wurde Ihnen so eingetrichtert? Im Laufe der Jahre wahrscheinlich eine ganze Menge – Worte und Überzeugungen, die nur schwer zu schlucken waren. Jetzt ist es an der Zeit, sie *auszuspucken*, auszusprechen und loszulassen.

Als Kinder glaubten wir an die Macht der Worte, wir glaubten sogar, daß Worte töten könnten, daß ein böses Wort gegen jemanden diesen tatsächlich umbringen könnte, selbst wenn es etwas so Unschuldiges war wie: »Es verletzt mich wirklich, das von dir zu hören. Es bringt mich um.« Das reicht schon, wir verstehen die Botschaft: »Sag nie etwas Verletzendes, der andere könnte sonst sterben.« Worte können zwar verletzen, aber bestimmt nicht töten. Selbst wenn der andere nicht hören will, was Sie zu sagen haben, haben Sie doch das Recht, es auszusprechen. Viele von uns haben gelernt, sich zu beherrschen und auf keinen Fall den Frieden zu stören, damit der Haussegen nicht schiefhängt.

Hier ist die Rede vom freien Ausdruck, dem Ausdruck unseres wahren Selbst. Macht es Sie nervös, wenn Sie etwas für Sie sehr Wahres aussprechen? Das 5. Chakra ist die Brücke zwischen Herz und Geist; es verleiht die Fähigkeit, das, was im Kopf oder im Herzen ist, in Worte zu fassen und auszudrücken. Bei einer Blockade des Hals-Chakras kann folgendes passieren: Entweder es fällt Ihnen schwer, Ihre Gefühle zu reflektieren; statt dessen werden Emotionen gedankenlos ausgedrückt. Oder Sie sind ein Verstandesmensch und verweigern Ihren Emotionen ihren lebendigen Ausdruck. Die einzigen Gefühle, die Sie sich zugestehen, sind durch Ihr eigenes Urteil gefiltert und stehen im Einklang mit den Urteilen Ihrer Umwelt.

Wie hört sich Ihre Stimme an? Haben Sie Angst, gehört zu werden? Reden Sie sanft, so daß Sie kaum hörbar sind und Sie immer gebeten werden, lauter und deutlicher zu sprechen? Oder das Gegenteil ist der Fall: Sie hatten immer Angst, nicht gehört zu werden und reden deshalb laut und dreist? Ist Ihre Stimme schrill oder melodiös? Kennen Sie Menschen, zum Beispiel Anwälte, die laut und klar reden, um so Ihrer Stimme und ihren Worten mehr Gewicht zu verleihen? Auch das deutet auf ein gestörtes Hals-Chakra hin: Die Person kann sich nicht frei ausdrücken oder respektiert den freien Willen des anderen nicht.

Was wurde Ihnen sonst noch in dieser Hinsicht von Ihren Eltern vermittelt? Oft sind es nicht die Worte, sondern eine gemischte Botschaft: Sie sprachen eine Wahrheit aus und widerlegten sie mit einer anderen. Das Hals-Chakra hat mit klarer, ehrlicher Kommunikation zu tun, nicht nur mit anderen, sondern auch sich selbst, seiner inneren Weisheit. Stottern Sie manchmal vor Aufregung, wenn Sie etwas für Sie sehr Wahres aussprechen wollen? Oder überkommt Sie die Schüchternheit, weil das, was Sie zu sagen haben, *gar nicht so wichtig* ist oder weil Sie Angst vor der Zurückweisung haben?

Betätigen Sie sich künstlerisch? Vielleicht schreiben Sie Gedichte, malen und zeichnen, ohne es je anderen zu zeigen, weil Sie Angst davor haben? Dann ist der kreative Ausdruck im 5. Chakra blockiert. Gestehen Sie sich zu, Ihrem Ärger Luft zu machen, oder wird Ihnen der Hals so eng, daß Sie nicht mehr reden können? Sprechen Sie Ihre wahren Gefühle aus, oder werden die Gefühle vorher zensiert? Das Hals-Chakra, unser Ausdruck, ist etwas Wundervolles und kann voller Freude, Erbauung und Musik sein – die Freiheit zu singen, uns auszudrücken.

Mit einem balancierten Hals-Chakra wird auch die Kommunikation mit dem höheren Selbst klarer, so daß wir diese innere Führung besser hören. Der Hörsinn und das Hals-Chakra liegen nämlich im gleichen Bereich. Gibt es in Ihrem Leben Dinge, die Sie nicht hören wollen und deshalb *überhören*? Oder hören Sie vielleicht selektiv? Hatten Sie als Kind öfters Ohrenschmerzen? Gab es in der Familie Streit, so daß Sie Ihre Energie blockierten, um nichts mehr hören zu müssen? Auch das kann zu Ohrenproblemen führen. Stellen Sie sich vor, Sie reinigen Ihre Ohren und damit auch Ihren *Hellhörigkeitssinn* mit goldfarbenen *Q-Tips*. Dabei *knallen* Ihre Ohren vielleicht sogar ein bißchen. Haben Sie immer wieder Halsbeschwerden? Ist Ihr Hals ganz besonders streßanfällig, so daß Sie schnell heiser werden? Müssen Sie das, was Sie aussprechen wollen, um Ihr Herz zu erleichtern, *aushusten*? Bestrafen Sie sich selbst, wenn Sie dann tatsächlich etwas aussprechen, zum Beispiel mit Halsschmerzen? Oder durch Unwohlsein am nächsten Tag? Machen Sie sich solche Prozesse ohne zu bewerten bewußt. Es gibt nichts Richtiges oder Falsches. Heilung geschieht nur durch Liebe – Liebe und Verzeihen für sich selbst und andere, die Ihnen solche unerwünschten Programmierungen eingetrichtert haben.

Wie wichtig sind Ihnen Worte? Geistreiche und witzige Worte – können Sie mit Worten *beißen*? Muß alles, was Sie sagen, immer perfekt sein, anstatt einmal spontan zu sein? Befreien Sie sich von diesen Dingen, auch von Ihren Urteilen über sich selbst, wenn Sie zuviel oder zuwenig reden. Verzeihen Sie sich selbst dafür, daß Sie so oft ein »Ich liebe dich« nicht über die Lippen brachten. Dahinter stand die Angst vor Zurückweisung; auch diese können Sie jetzt loslassen. Ihre Verantwortung liegt nur in der Kommunikation und nicht darin, daß Ihre Botschaft beim anderen auch richtig *ankommt*; denn manchmal ist die Bereitschaft dafür einfach nicht da. Auch von dieser Verantwortung sollten Sie sich lösen: »Wenn ich etwas klarer kommuniziert hätte, wäre das vielleicht nicht passiert.« Wenn Sie es so gut wie möglich gemacht haben, sind Sie nicht verantwortlich dafür, daß die Botschaft beim anderen auch vollständig ankommt. Lösen Sie sich von diesem *Haken*.

Überprüfen Sie die Schnüre in diesem Chakra. Vor allem Verkäufer setzen gerne eine Schnur in das 5. Chakra; damit fesseln sie Ihre Aufmerksamkeit für ihre Reden und wollen Sie dazu bringen, die erwünschte Antwort zu geben, nämlich »Ja«. Auch Chefs können das versuchen: Wenn Sie die Firma vertreten, wollen sie sichergehen, daß Sie das passende Image vermitteln. Aber niemand hat das Recht, Ihnen vorzuschreiben, was und wie Sie etwas sagen sollen und dadurch Ihre freie Ausdrucksweise zu unterbinden. Wenn jemand gerade an Sie denkt, kann das über eine Schnur passieren: »Ich möchte mit dir reden, mit dir kommunizieren. Ruf mich doch an.« Das kann ganz in Ordnung sein; entscheiden Sie, ob Sie eine solche Schnur entfernen wollen, weil starke Schnüre, vor allem wenn es mehrere sind, zu Halsschmerzen führen können. Besonders Menschen, die viel telefonieren, sollten ihr Hals-Chakra regelmäßig reinigen und balancieren. Passiert es Ihnen manchmal, daß Sie sich mit Ihrer Energie beim Zuhören vor lauter Anstrengung nach vorne beugen anstatt entspannt zuzuhören? Oder daß Sie, wenn Sie vor einer Gruppe reden, sich plötzlich räuspern oder husten müssen? Dann geschieht genau das: Einer Ihrer Zuhörer konzentriert sich mit seiner Energie auf Sie, um Sie zu verstehen! Das Halszentrum steht auch mit Ernährung in Verbindung sowie mit unserer Fähigkeit, die lebenswichtige Nahrung aufzunehmen. Sind Sie bereit, etwas an- und aufzunehmen? Können Sie Ihre Bedürfnisse klar und frei mitteilen? Wenn nicht, wer hat dem vielleicht den Deckel aufgesetzt?

Wir alle haben ein Lied, das wir gerne singen. Mögen Sie Ihre Gesangstimme? Oder meinen Sie, daß Sie nicht singen können? Hören Sie auf, die Qualität Ihrer Stimme zu bewerten, sei sie nun *ungenügend* oder *erstklassig*. Vergessen Sie Ihre Vorstellungen über perfektes Singen oder Sprechen. Wie steht es mit Ihrer Aussprache? Haben Sie einen Akzent? Wir alle haben praktisch einen Akzent, je nachdem mit wem wir reden. Kommt Ihre Stimme aus dem Hals oder mehr vom Gaumen oder aus der Nase? Können Sie Ihre Stimme richtig mitschwingen lassen? Klang unterstützt Heilung – und Ihre Stimme kann heilen. Dazu müssen Sie nichts Tiefgründiges von sich geben, Sie müssen nichts *leisten*. Es ist vielmehr die Qualität der Stimme, die Klangschwingung, die heilt und beruhigt oder auch erregt und motiviert. Lieben Sie Ihre Stimme! Sie ist schön. Lassen Sie sie hören. Sagen Sie sich selbst etwas Nettes, Sie verdienen es! Seien Sie voller Vertrauen. Freiheit des Ausdrucks: Vertrauen Sie auf diese Freiheit, Ihre Wahrheit *selbstsicher* aussprechen zu können!

6. *Chakra*

DAS DRITTE AUGE

Das Chakra zwischen den Augenbrauen ist auch als das *Dritte Auge* bekannt; es befindet sich in der Stirnmitte und steht in Verbindung mit der Fähigkeit des Hellsehens, höherer mentaler Weisheit, persönlicher Vision, Visualisierung, Intuition, Imagination und Einsicht. Dieses Chakra beeinflußt auch, wie wir uns selbst in der Welt sehen, wie andere uns wahrnehmen, oder wie wir glauben eingeschätzt zu werden.

Zum Auflösen eventuell hochkommender Probleme visualisieren Sie ein wunderschönes, transparentes Indigoblau und atmen es in das Chakra ein. Gehen Sie ohne Härte, sondern vielmehr mit Humor daran und immer wieder mit viel Liebe, Nachsicht und Vergebung. Bitten Sie darum, daß Blockaden sich jetzt lösen.

Inwieweit gestehen Sie sich zu, Dinge klar zu sehen? Haben Sie vielleicht einen Filter vor den Augen? Oder haben Sie in der Tat Augenprobleme? Wie alt waren Sie, als Sie beschlossen, daß Sie nicht mehr klar sehen wollten, so daß eine Brille oder Kontaktlinsen nötig waren? Zu welchem Zeitpunkt und aus welchem Anlaß hat sich Ihre Wahrnehmung verändert? Als Sie in die Pubertät kamen? Waren Sie auf Ihre Brille stolz, oder machte sie Sie eher verlegen und verwirrt? War sie etwas, hinter dem Sie sich verstecken konnten? Waren Sie erstaunt darüber, wie klar Sie auf einmal zum Beispiel einzelne Blätter an den Bäumen wahrnehmen konnten? Klarheit – die Klarheit eines gereinigten, harmonisierten 6. Chakras, mit der Sie Dinge sehr klar sehen können. Sie kennen die Richtung – folgen Sie Ihrer inneren Führung. Sie können die Dinge aus der Vogelperspektive sehen.

Schätzen Sie hohe mentale Fähigkeiten, akademische Leistungen, Intellekt und Wissenschaft höher ein als die Intuition? Oder wurde Ihre Intuition früher von jemand anderem angezweifelt? Das 6. Chakra ist für den Zugang zu höheren geistigen Fähigkeiten, höherem Wissen und Weisheit zuständig. Durch ein Ungleichgewicht wird man jedoch zum *intellektuellen Snob* und betrachtet Nichtakademiker oder eher intuitiv- und gefühlsmäßig veranlagte Menschen von oben herab. Glauben auch Sie oder jemand anders in Ihrer Umgebung, daß der Intellekt der Intuition überlegen ist? Befreien Sie sich von solchen Bildern und Einflüssen. Ein wunderbares Gleichgewicht, bei dem Philosophie, Wissenschaft und Intuition harmonisch zusammenarbeiten und einander ergänzen, ist durchaus möglich!

Haben Sie häufig Kopfschmerzen? Auch das kann von einem nicht ausgeglichenen 6. Chakra kommen. Vielleicht versuchen Sie angestrengt und mit gerunzelter Stirn, besser zu sehen? Dadurch wird die ganze Energie in der Stirn konzentriert und führt zu Spannungskopfschmerzen. Das passiert zum Beispiel, wenn Sie über Ihrer Zukunft brüten oder im Kopf Strategien entwickeln und den Ausgang Ihrer Handlungen vorwegnehmen. Haben Sie Probleme mit Allergien oder mit den Nebenhöhlen? Wenn sich Nasenverstopfungen ankündigen, sollten Sie alle entsprechenden Situationen der letzten Zeit auflösen und Ihre Nase mit goldfarbener Energie durchfluten. All diese Probleme haben mit dem 6. Chakra zu tun. Wenn bei Ihnen der Bereich hinter den Augen verspannt ist, sollten Sie sich für einen Moment entspannen und auch die Augen in der goldenen Farbe *baden* und sich von all diesen Bildern im Kopf befreien. Weitere mit dem Dritten Auge assoziierten Beschwerden sind unter anderem Gehirntumore, Blutgerinnsel, neurologische Störungen, Blindheit, Taubheit, Wirbelsäulenprobleme, Krämpfe/Anfälle, Lernschwierigkeiten, Konzentrationsmangel, geistige Verwirrung sowie ein Mangel an spirituellem Verstehen und spiritueller Sichtweise.

Auch geistige Stabilität hat mit dem 6. Chakra zu tun, *ver-rückte* Bilder – Irrsinn. Bei manchen Menschen mit nicht balancierten Chakren kommt es auch zu *Visionen*. Ohne ein stabiles Grounding können solche Visionen aber leider nicht in die Realität umgesetzt werden, es fehlt der Sinn für die Wirklichkeit, und so flüchten die Betroffenen in eine Phantasiewelt. Der Grat zwischen Genie und Wahnsinn ist sehr schmal!

Vielleicht leiden Sie nicht unter solchen Ängsten, doch wie steht es mit Ihrer Familie? Hören Sie manchmal, selbst wenn es nicht ernst gemeint ist, den Spruch: »Du spinnst ja ...«? Fühlt sich ein Teil von Ihnen davon angesprochen? Fühlen Sie sich be- oder verurteilt, wenn Sie Ihre intuitiven Erfahrungen *normalen* Menschen mitteilen? Lösen Sie sich davon!

Dann gibt es noch Zauberei, Weiße und Schwarze Magie. Reagieren Sie ängstlich, wenn die Rede darauf kommt? Menschen mit einem unausgeglichenen Chakra könnten versuchen, mit ihrer Geisteskraft andere zu manipulieren – doch dies hat mit Willenskraft zu tun und steht nicht mit dem reinem Geist und dem Höheren in Einklang. Hier kommt die Schwarze Magie ins Spiel: manipulieren, seinen Willen aufzwingen, etwas erzwingen wollen, andere für seine eigenen Ziele einspannen, mit Zaubersprüchen *verzaubern* ... Dies ist nur eine Aufzählung der möglichen negativen Aspekte unserer Geisteskraft. Wie positiv wir diese Energie einsetzen können, werden wir später noch eingehender diskutieren. Menschen, die andere manipulieren wollen, sind allerdings meistens keine *Zauberer*, sondern einfach normale Menschen mit unausgeglichenen Chakren.

Das Dritte Auge ist auch der Sitz der Telepathie: von hier aus werden Gedanken, Bilder und Visualisierungen an andere gesandt. Dies ist die sogenannte *mentale Telepathie*. Welche Ansichten, Ängste oder Zweifel haben Sie in bezug auf psychische Fähigkeiten, Hellsichtigkeit oder außersinnliche Wahrnehmung (ASW)? Besonders, wenn es darum geht, Ihre eigenen Fähigkeiten zu entwickeln. Wie steht es mit früheren Leben? Glauben Sie daran? Wie

sehen solche früheren Leben für Sie aus. Sind es Lebens-
läufe voller Machtmißbrauch? Oder wurden Sie von anderen manipuliert und mißbraucht? Ist dieses Chakra
aufgrund Ihrer religiösen Erziehung für Sie etwas Böses?
Wer hat Ihnen das erzählt? Ein Lehrer? Die Eltern? Eine
Organisation? Eine Religion? Befreien Sie sich von Ihren
Ängsten. Es ist Ihr gottgegebenes, angeborenes Recht,
hellsichtig zu sein und klar zu handeln; dafür stehen Ihnen Ihre höheren geistigen Kräfte und Ihre Intuition als
Werkzeuge zur Verfügung. Mit einem offeneren und balancierten Dritten Auge haben Sie Zugang zu Ihrer höheren Weisheit und erkennen, wie alles im Universum miteinander in Verbindung steht.

Spüren Sie im 6. Chakra irgendwelche Schnüre? Dann
geht Ihnen jemand *im Kopf herum*. Und das sollten Sie in
keinem Fall akzeptieren. Ihr Kopf gehört ganz alleine Ihnen selbst. Sonst könnten Sie unter die Kontrolle eines
anderen geraten, der Sie manipulieren oder Ihnen seinen
Willen aufzwingen will. Sie sollten also die Schnur unbedingt lösen und die fremde Energie dahin zurück-
schicken, woher sie gekommen ist. Eine solche Schnur
kann auch Kopfschmerzen verursachen. Vielleicht denkt
jemand einfach gerade an Sie und schickt seine Energie
deshalb in Ihren Kopf. Doch selbst wenn es so etwas
Harmloses ist, hat eine Schnur dort nichts zu suchen. Ihre
Energie gehört ganz alleine Ihnen.

Sind Sie Ihrer Meinung nach ein kreativer Mensch?
Fällt es Ihnen leicht, zu visualisieren und mit mentalen
Bildern zu arbeiten? Sind Sie dabei phantasievoll? Ist
Ihnen klar, welche Macht die Phantasie hat? Oder sind
Sie hauptsächlich logisch und verstandesbetont? Das
kann sich auf alle möglichen Bereiche auswirken.
Manchmal sind Intuition und Klarsichtigkeit angebracht,
dann wieder Logik und Vernunft. Das Zauberwort heißt
wieder: *Balance*. Sonst kommt es zu Extremen. Hervor-
stehende, übermäßig starke Augenbrauen sind der sicht-
bare Beweis, wenn jemand extrem mental orientiert ist.

Oft können solche Menschen nur noch auf der mental-logischen Ebene eine Verbindung herstellen.

Haben Sie schon einmal *den Kopf verloren*? Meist sind wir in solchen Situationen verwirrt und nicht mehr geerdet, so daß das 6. Chakra und unsere Klarsichtigkeit beeinträchtigt werden. Hier kann man deutlich sehen, wie die Chakren miteinander in Verbindung stehen. Sie arbeiten am besten, wenn sie in Harmonie sind. Ein blockiertes Chakra wirkt sich auch auf die anderen Zentren aus. Wer *abgehoben* und verwirrt ist, hat meist eine Störung im 6. Chakra und ist gleichzeitig in dem Moment auch nicht geerdet (1. Chakra).

Überprüfen Sie noch einmal Ihre Stirn – hat jemand, energetisch gesprochen, vielleicht seine Hand über Ihrem Dritten Auge, damit Sie nichts *sehen*? Was sollen Sie nicht sehen? Schieben Sie diese Hand und die Energie weg. Mit Eltern passiert das manchmal, aber auch mit Vorgesetzten oder Bekannten, die verhindern wollen, daß Sie sehen was wirklich abläuft. Wer die Wahrheit erkennt und auch ausspricht, wird oft in Frage gestellt. Machen Sie das auch mit sich selbst? Wissen Sie noch, wann Sie das letzte Mal die Hand über die Augen gelegt haben, weil Ihnen das, was Sie da sahen, nicht gefiel? Auch energetisch passiert so etwas, zum Beispiel während einer Therapie, wenn Sie der Wahrheit zu nahe kommen. Dann treten plötzlich Kopfschmerzen auf, die Sie *blind* machen.

Wie sehen Sie sich selbst? Ist es tatsächlich Ihr eigenes Bild oder das von anderen? Oft besteht hier ein Mißverhältnis, das überprüft werden sollte. Ohne Wertung und Härte können Sie dies jetzt einfach auflösen. Sehen Sie sich als erfolgreichen und insgesamt zufriedenen Menschen? Oder halten Sie sich für unzulänglich und bedürftig? So oder so – das, was Sie sehen, erfüllt sich: denn Form folgt Gedanken! Das 6. Chakra ist auch das Zentrum der Manifestation. Hier werden Träume aufgebaut und in die Wirklichkeit umgesetzt. Wer sich selbst als erfolgreich, glücklich und fröhlich sieht, kann genau das auch erreichen – eine große Herausforderung, gerade wenn so viel Negatives um uns ist!

Das gleiche gilt umgekehrt: Wer sich hauptsächlich auf das Negative konzentriert, das, was *nicht* läuft, schafft sich auch eine negative Realität. Nicht von ungefähr heißt ein Sprichwort: »Negative Gedanken sind ein Luxus, den man sich nicht leisten kann.« Das gilt auch für unsere Gesundheit. Visualisieren Sie sich als gesunden Menschen? Oder schränken Sie sich dabei zeitlich ein: »Irgendwann einmal«, »später« ... Sprechen Sie es lieber *jetzt* aus: »*Jetzt* bin ich glücklich, gesund und voller Freude, *jetzt* werde ich geliebt!« Es ist in Ordnung, sich das vorzustellen, was man möchte. Aber Sie müssen es erst sehen können, bevor es Wirklichkeit werden kann. Sie müssen Dinge nicht unbedingt mit dem physischen Auge *sehen*; vielleicht ist es eher ein Gespür, ein Gefühl im Körper, ein instinktives Wissen. Kreatives Visualisieren ist etwas sehr Machtvolles und kann sehr effektiv sein; außerdem macht es Spaß! Auch hier sollten Sie wieder darum bitten, daß es zu Ihrem Besten geschieht. Manchmal wünschen wir uns zwar etwas, doch die physische Manifestation ist eben nicht das Beste für uns. Oder Sie bekommen das Gewünschte, aber in Realität sieht es dann ganz anders aus. Die höhere Kraft in uns weiß, was wirklich zu unserem Besten ist!

Wagen Sie zu träumen! Nach den Sternen zu greifen! Das ist genau das, was die Natur-Therapie bei diesem Chakra vorschlägt. Stellen Sie sich einen schönen, dunklen Nachthimmel voller Sterne vor. Verlieren Sie sich in ihrer erfurchterregenden Weite, in der Schönheit der Natur. Spüren Sie das unermeßliche Wunder, auch wenn es im Moment für Sie nicht begreifbar ist. Alles ist da – alles Wissen und alle Liebe, aller Überfluß. Öffnen Sie sich dafür, erkennen Sie es. Atmen Sie das wunderschöne Indigoblau ein, lassen Sie es durch das Chakra hin- und zurückfließen und den schönen blauen Energiestrahl seine reinigende und lösende Wirkung tun.

7. *Chakra*

Scheitel-Chakra

Das 7. Chakra – das Scheitel-Chakra – befindet sich oben auf dem Kopf; es wird mit dem freien Willen, dem höchsten Wissen, Göttlichkeit und Bewußtsein assoziiert. Ohne ein offenes 7. Chakra sind auch die anderen Chakren aus dem Gleichgewicht. Es ist das Zentrum, das sich bei Kindern als erstes entwickelt. Erst wenn das Kind auf die physische Welt kommt, wird das 1. Chakra, als letztes, entwickelt. Durch das Scheitel-Chakra empfangen wir göttliche Inspiration und Kreativität; es ist auch das Chakra der Visionen. In diesem Energiezentrum kommt alles zusammen; alle Informationen aus den anderen Chakren werden hier integriert. Was vorher für sich allein genommen Sinn gemacht hat, formt nun ein ganzheitliches Konzept, ein ganzes Bild. Dies ist die Quelle Ihrer reinen Intuition, Reinheit selbst.

Seien Sie so viel wie möglich in Ihrem Kopfzentrum, bleiben Sie dabei geerdet. Sie können ein schönes Violett oder auch reines Weiß und Gold einatmen. Ein geöffnetes, balanciertes Scheitel-Chakra gibt uns Frieden, Heiterkeit, Wissen und Verbindung mit allem.

Überprüfen Sie Ihr 7. Chakra auf Schnüre. Solche Schnüre sind in diesem Zentrum absolut tabu, da sie anzeigen, daß jemand versucht, Ihren freien Willen zu kontrollieren. Es gibt Religionen, Gurus, spirituelle Organisation und Firmen, die den persönlichen freien Willen oder die Entscheidungsfreiheit des einzelnen auflösen möchten. Wer kennt nicht die *Jünger* mit glasigen Augen, die nicht mehr für sich selbst denken, sondern nur noch als Gruppe? Sie sind entscheidungsunfähig, haben ihre Macht abgegeben und sind nicht mehr Herr über ihren Körper, ja sie nehmen ihn nicht einmal mehr wahr. Das 7. Chakra hat auch mit dem Besitzen des eigenen Körpers zu tun. Manche spirituellen Lehrer setzen hier eine kleine

Schnur an, um ihren Schülern die Informationsaufnahme zu erleichtern. Das ist harmlos, wenn die Schnur danach wieder entfernt wird. Doch manche der eher zwielichtigen Gurus lassen diese Verbindung bestehen, damit der Schüler auch wirklich bei der Lehre bleibt. Solche Gurus oder religiösen Führer glauben, daß ihre Lehre die einzig wahre ist. Wir kennen solche religiösen Fanatiker, seien es nun Christen, Mormonen, Katholiken, Juden, Hare-Krishna-Anhänger, Scientologen oder Buddhisten. Es gibt fast immer ein paar Fanatiker, die die ganze Welt bekehren wollen. Jede organisierte Religion, die uns unser freies Denken nimmt und uns das Recht auf direkte Kommunikation mit dem Schöpfer, mit Gott, mit Buddha, dem Höchsten Wesen (wie immer der Name auch sein mag) abspricht, ist nicht gut für uns. Es besteht ein Unterschied zwischen Religion und Spiritualität. Kommen jetzt bei Ihnen Wutgefühle hoch? Lassen Sie sie gehen, und schaffen Sie Raum für Vergebung!

Sind Sie jemals von jemandem in Angst versetzt worden, der Sie dadurch kontrollieren wollte, daß er Ihnen einredete, daß Gott Sie nicht mehr lieben würde, wenn Sie dies oder jenes tun? »Du kommst in die Hölle«, »du bist ein Sünder, der Gottes Liebe nicht wert ist«. Schauen Sie sich solche Überzeugungen einmal genauer an: die patriarchalische Dominanz und Kontrolle der Kirche. Spüren Sie in sich Wut, gerechten Zorn oder Angst, weil Sie unterdrückt werden? Diese Leute handeln aus einem gestörten 7. Chakra heraus. Sie versuchen, das Chakra der anderen auszuquetschen, sie zu kontrollieren und ihren freien Willen zu brechen. Alles, um die Herrschaft der Kirche oder des Staates aufrechtzuerhalten und die Massen zu kontrollieren. Das hat mit heutiger Spiritualität nichts zu tun. Oder beispielsweise die *Religion der Göttin:* Wie stehen Sie dazu? Lösen Sie alles auf, was jetzt hochkommt. Es ist in Ordnung, sich über die Unterdrückung der persönlichen oder spirituellen Rechte Gedanken zu machen, sich an die damit verbundene Wut und Verletzungen zu erinnern – solange es Sie in Ihrem Entschluß bestärkt, bewußt zu sein und sich nicht von solchen Emotionen kontrollieren zu lassen. In diesem Leben müssen Sie das nicht lernen, der freie Wille ist unser natürliches Geburtsrecht!

Doch nicht nur in spirituellen Organisationen, auch in Firmen passiert es, daß das Scheitel-Chakra mit einer Schnur versehen wird. Gruppengeist geht über alles, und wir arbeiten und leben *zum Wohle der Firma*. In jedem Bereich gibt es Fanatiker: Militär und Miliz, Aktivisten der Schwulen- und Frauenbewegung und ähnliche Gruppen können diese Tendenz haben. Auch solche Vorbilder sollten Sie loslassen. In diesem Leben geht es um freien Willen und Entscheidungsfreiheit, um die persönliche Verbindung zum Göttlichen und unser Recht auf diese Verbundenheit.

Manche Künstler haben ihre kreativen Blockaden – zum Beispiel eine *Schreibblockade* – unter Umständen deshalb, weil sie das Wirken des Geistes in sich nicht zulassen. Mangelt es Ihnen an Inspiration? Das hängt mit einem gestörten 7. Chakra zusammen. Verwirrtheit ist Entscheidungsunfähigkeit, weil jemand anders uns sagen will, was wir zu tun und zu lassen haben. Wenn der spirituelle Weg ignoriert oder vernachlässigt wird, kommt es im schlimmsten Fall zu tödlichen Krankheiten. Oder wir werden krank, damit wir kürzertreten: Endlich haben wir Zeit, unser Leben zu überdenken und auf die Suche nach etwas anderem, etwas Höherem zu gehen. Oft ist das eine Art Weckruf, um uns wachzurütteln, damit wir weitergehen, nach Höherem streben, uns aus niederen Verhaftungen lösen und unsere Schwingung erhöhen. *Jetzt* ist die Zeit dafür!

Auch Gehirnerkrankungen können mit dem 7. Chakra zu tun haben. Befreien Sie sich von Vorstellungen darüber, wie unwürdig Sie sind, mit Gott verbunden zu sein. Ihre Schwingungen sind bereits ziemlich hoch, sonst würden Sie sich nicht mit diesem Buch und dieser Arbeit beschäftigen. Sie sind es sehr wohl wert, Gelassenheit und göttliche Führung zu haben und die Verbindung mit dem Ganzen zu spüren.

Was heißt Spiritualität für Sie? Was bedeutet es für Sie, ein *spiritueller Mensch* zu sein? »Spiritualität heißt, daß man immer nett und freundlich ist. Man kann nicht gleichzeitig wütend und spirituell sein.« Denken Sie so, oder steht Spiritualität für Sie auch mit einer bestimmten Ernährung in Verbindung? »Spirituelle Menschen essen keine Zwiebeln und keinen Knoblauch. Wer Fleisch ist, kann keine hohen Schwingungen haben. Du mußt dies und jenes essen ...« Schauen Sie sich solche Meinungen genau an. Manches mag für Sie völlig stimmig sein, aber das heißt nicht, daß Sie unbedingt etwas annehmen müssen, nur weil es jemand anderem geholfen hat. Dies gilt auch für bestimmte Ernährungsweisen. Heißt Spiritualität für Sie, daß Sie immerzu lächeln müssen? Oder abgehoben sind? Daß Sie nicht spirituell sind, wenn Sie in Ihrem Körper sind? Daß Körperlichkeit bestraft wird? Daß es Einschränkungen und Grenzen gibt? Solche Überzeugung können unglaublich subtil sein; sie werden uns in der Kindheit vermittelt oder im Lauf der Zeit weitergegeben. Überprüfen Sie Ihre persönliche Einstellung zu Spiritualität. Wird Ihnen eingeredet, daß Sie, um spirituell zu sein, gewisse Praktiken und Lehren ausüben müssen? Dürfen Sie auch anderer Meinung sein?

Spiritualität ist etwas sehr Persönliches. Es ist das, was bei Ihnen funktioniert, selbst wenn es für den Nachbarn oder die beste Freundin nicht funktioniert. Das haben wir leider nicht gelernt. Man hat uns vielmehr beigebracht, konform und immer Teil der Gruppe zu sein. Das kann durchaus gut sein – wenn es für Sie stimmt! Also denken Sie immer daran: Was für Sie stimmt, muß nicht unbedingt für die anderen das Richtige sein. Versuchen Sie nicht, ihnen Ihre Überzeugungen einzubleuen, wie ein Pfarrer, der von der Kanzel gegen die Sünder wettert. Lassen Sie solche Bilder los!

Die Klang-Therapie für das 7. Chakra ist – die Stille. Nehmen Sie sich einen Augenblick Zeit, Stille und Frieden zu erfahren und Ihre Verbindung zum Göttlichen, zur höchsten Weisheit in sich zu spüren. Stellen Sie sich dazu vor, daß Sie alleine auf einem Berggipfel sind: Von hier aus können Sie alles sehen, alles ist für Sie ganz klar. Es gibt auf diesem allerhöchsten Gipfel, auf dem Sie Gott so nah wie nur möglich sind, keine Ablenkung, nur Frieden, Stille, Gelassenheit. Öffnen Sie sich für die alltäglichen Wunder – der Gabe eines balancierten 7. Chakras!

Teil 2

Chakra-Therapie

Klären des Energiefeldes –
die Grundtechniken

Im letzten Kapitel haben wir viel über die psychologische und physische Wirkung blockierter Energie erfahren. Alles wird davon beeinflußt: Wohlbefinden und Gesundheit, unsere Einstellungen und die Fähigkeit, auf der Welt zu *funktionieren*. In diesem Teil lernen Sie mit einigen Grundtechniken zum Klären Ihrer Energiefelder, wie Sie blockierte Energie lösen und zu Ihrem Gleichgewicht zurückfinden können.

Grounding

Dieser Ausdruck kommt im vorliegenden Buch ziemlich häufig vor. Was ist eigentlich Grounding oder Erdung? Es ist eine Art Verankerung. Ein Schiff muß sicher im Grund verankert werden, damit es nicht ziellos auf dem Wasser treibt. Solange es verankert ist, ist es in einem sicheren Umkreis mobil und stabil. Auf uns Menschen bezogen ist Erdung das, was uns hier auf der Erde *verankert* und dem physischen Körper so eine feste Grundlage und Verbindung mit diesem Planeten gibt. Erdung führt zu einem Gefühl physischer Sicherheit, Fokus und dem Vermögen, sich in der physischen Welt zu manifestieren. Wer sich hier seine materiellen Wünsche tatsächlich erfüllen will, braucht die Verbindung mit dem Planeten. Sonst bleiben Wünsche nur wunderbare Vorstellungen, die hier, in der physischen Wirklichkeit, nicht umsetzbar sind. Auf der spirituellen Ebene sichert Grounding die Verbindung zwischen dem spirituellen Selbst und seiner physischen Manifestation, dem Körper. Es hört sich widersprüchlich an, aber es ist so: Man braucht den Körper, um ein spirituelles Leben zu führen. Geist braucht ein Vehikel für seine Manifestation auf der Erde, und dieses Vehikel muß mit der Erde verbunden sein, um die höhere spirituelle Information von oben auf die Erde zu bringen. Ohne Erdung geht die Energie dem Körper verloren, und der Körper wird verletzlich. Unser Körper ist ein Privileg; indem wir uns um ihn kümmern, bringen wir sowohl unserem physischen als auch unserem spirituellen Wesen Respekt und Wertschätzung entgegen.

Grounding ist nichts, was einmal passiert und uns für den Rest des Lebens erhalten bleibt, die Erdung geht oft verloren. Anfangs sind wir – besonders in Streßsituationen – wahrscheinlich öfters ungeerdet als umgekehrt. Wenn wir uns bedroht oder in Gefahr fühlen, verschwindet die Erdung sehr schnell: Der Chef schreit uns an, wir laufen eine unbekannte Straße entlang, es gibt ein Erdbeben ... Es spielt keine Rolle, ob die Gefahr nur eingebildet oder wirklich ist. Wenn wir etwas als Bedrohung empfinden, ist es für uns real; und genau dann, wenn Grounding am allernötigsten ist, geht es leicht verloren. Der Trick besteht darin, zu erkennen, wenn wir nicht geerdet sind, so daß wir uns wieder erden können. Wer sich abgehoben fühlt, kann meist nicht mehr denken. Er kann sich nicht mehr klar in Worte fassen, läuft rot an, bekommt Herzklopfen und hat Konzentrationsschwierigkeiten; wahrscheinlich ist auch die Erdung verlorengegangen. So etwas kann passieren. Erden Sie sich einfach wieder und machen Sie weiter. Wie? Ich stelle Ihnen hier eine Technik vor, die ich immer benutze. Außerdem werden die beiden häufig gebrauchten Begriffe *Gegenwart* und *Kopfmitte* definiert. Im Anschluß werden weitere Grounding-Techniken vorgestellt.

Eine Grounding-Technik

Setzen Sie sich in offener Körperhaltung auf einen Stuhl: Arme, Hände oder Beine sollten sich nicht überkreuzen

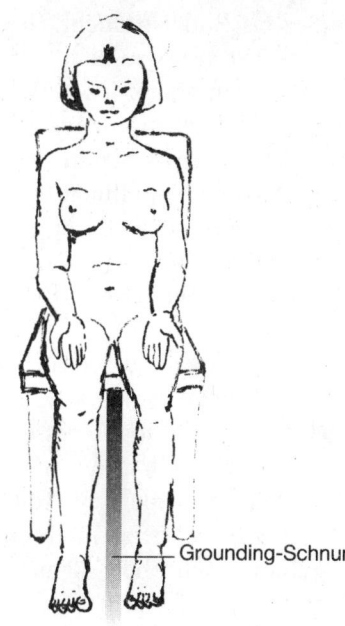
Grounding-Schnur

Abb. 2: Eine wirkungsvolle
Grounding-Technik

(wie in Abb. 2). So können Sie sich entspannen und die Energie zum Fließen bringen. Die Füße sind flach auf dem Boden oder auf einem Kissen auf dem Boden (wenn die Beine zu kurz sind). Am besten ziehen Sie die Schuhe aus, so daß auch die Füße entspannt sind und Sie direkten Kontakt mit dem Boden haben können. Socken sind erlaubt, denn mit kalten Füßen fühlen Sie sich unwohl und sind abgelenkt.

Jetzt schließen Sie die Augen, und während Sie ganz normal weiteratmen, nehmen Sie Ihren Körper bewußt wahr. Fühlen Sie sein Gewicht im Stuhl. Der Stuhl trägt Sie, und Sie können jetzt Ihre Aufmerksamkeit auf die Hüften und Beinunterseiten lenken. Spüren Sie die Füße am Boden. Atmen Sie mindestens dreimal tief ein und aus, und entspannen Sie sich mit jedem Atemzug immer mehr.

Bei allen Übungen arbeiten wir mit Visualisierungen und Phantasie. Denken Sie nicht zuviel, strengen Sie sich dabei nicht an. Wenn es mit dem Visualisieren klappt, ist es wunderbar. Falls Sie damit Schwierigkeiten haben, machen Sie sich keine Sorgen – Form folgt dem Gedanken. Sie müssen nur an etwas denken, und noch bevor Sie damit fertig sind, ist es auf der Energie-Ebene schon passiert.

Jetzt, da Sie entspannt und bewußt sind, stellen Sie sich eine Energie-Schnur vor – als Draht, Seil, Kette, Licht-

strahl oder Baum – was immer als Bild auftaucht. Sie
führt vom 1. Chakra (bei Männern am Steißbein, bei
Frauen zwischen den Eierstöcken) bis hinunter ins tiefste
Zentrum der Erde. Das ist Ihre Grounding-Schnur, die Sie
nun im Erdmittelpunkt befestigen mit einer Schnur, einem riesigen Magneten, einem Anker – was Ihnen einfällt. Benutzen Sie Ihre Phantasie, es gibt nichts Richtiges
oder Falsches. Die Grounding-Schnur sollte so groß und
lang sein, wie Sie möchten. Eine dünne Grounding-
Schnur hilft bei Streß nicht sehr viel.

So, und schon sind Sie geerdet! Bleiben Sie für einen
Moment dabei. Die Augen müssen nicht die ganze Zeit
geschlossen sein, vielleicht geht das Erden sogar besser,
wenn Sie geöffnet sind. Das Zumachen hat nur den
Zweck, Ablenkung von außen zu vermeiden und die
Konzentration zu erleichtern. Ziehen Sie jetzt in Ihrer
Vorstellung Ihre Grounding-Schnur nach oben. Bemer-
ken Sie einen Unterschied? Dann erden Sie sich wieder.
Das Ganze wird ein paarmal wiederholt. Vielleicht erkennen Sie jetzt, daß Sie die Macht haben, etwas zu erschaffen und daß Sie Ihre Energie kontrollieren können.
Wie fühlen Sie sich jetzt? Was ist anders? Oft spüren
meine Klienten nach dieser Übung zum ersten Mal ihre
Beine – ein seltsames, ungewohntes Gefühl. Bleiben Sie
dabei und genießen Sie es! Wer diese Technik weiter aus-
bauen und damit das Grounding noch verstärken
möchte, kann folgendes probieren:

Stellen Sie sich vor, wie Ihre Grounding-Schnur vom
Steißbein hinunter in die Erde reicht und dort verankert
wird. Dann konzentrieren Sie sich auf die *Gegenwart*,
das Hier und Jetzt. Denken Sie nicht an Vergangenes oder
das, was vielleicht in der Zukunft passieren wird. Bleiben
Sie in der Gegenwart. Am Anfang mag das erstaunlich
schwierig sein, machen Sie einfach weiter. Physische Manifestation auf diesem Planeten ist nur im Hier und Jetzt
möglich! Die Vergangenheit ist vorbei. Wir können daraus lernen, aber dennoch müssen wir sie loslassen. Es

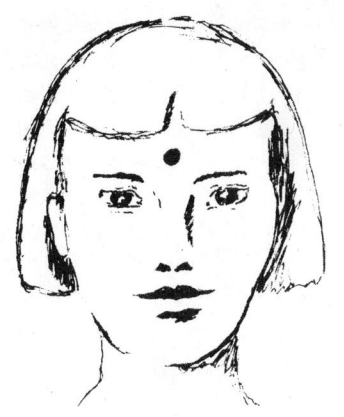

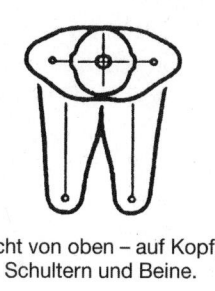

Sicht von oben – auf Kopf,
Schultern und Beine.

Abb. 3: Lokalisieren Sie Ihre Kopfmitte, den neutralen Punkt, der auch physisch im Kopf existiert

liegt an uns, jetzt unsere Zukunft zu schaffen, hier in der Gegenwart.

Um die Verbindung mit der Erde zu stärken, müssen wir uns auf die Kopfmitte konzentrieren. Dazu ziehen wir in der Vorstellung eine Linie von einem Ohr zum anderen, direkt über den Ohren. Eine zweite Linie geht von dem Punkt zwischen den Augenbrauen nach hinten. Die Kopfmitte – auch physisch – liegt genau am Schnittpunkt, wie in Abbildung 3 dargestellt. Dies ist sozusagen Ihre Kontrollstation, eine neutrale Stelle direkt hinter den Augenbrauen. Hier sind Sie sicher und können das, was um Sie herum vorgeht, mitfühlend, aber unverhaftet und ohne emotionales, mentales oder physisches Beteiligtsein betrachten.

Dies ist Ihr persönliches Kontrollzentrum, deshalb sollte niemand anders mit seiner Energie in diesen Bereich eindringen, Ihre Gedanken und Handlungen kontrollieren. Nehmen Sie sich also einen Augenblick lang Zeit, um Ihre Kopfmitte zu visualisieren und geistig zu überprüfen. Spüren Sie die Anwesenheit einer fremden Energie? Vielleicht taucht sogar ein Bild der entsprechenden Person in Ihrem Kopf auf? Befördern Sie diesen Menschen aus Ihrem Kopf und Ihrem Energiefeld hinaus. Klären Sie dann Ihre Kopfmitte, denn die fremde Energie war vielleicht schon eine ganze Zeitlang dort. Sie können sich vorstellen, wie ein Besen alle Spinnweben und allen Staub auskehrt. Wie wär's mit einer Falltür im Boden, wo Sie alles Unerwünschte hineinfegen können? Von dieser Falltür geht eine Rutsche bis hinunter in die Erde, so daß all die alte Energie in der Erde *entsorgt* wird und – in umgewandelter Form als Heilenergie wieder zur Verfügung stehen kann. Zum Abschluß füllen Sie Ihre Kopfmitte mit goldfarbener, reinigender Energie. Bringen Sie sich dann selbst in Ihr Kopfzentrum, machen Sie Ihren Anspruch darauf geltend. Es ist Ihr höchstpersönlicher Bereich, und niemand anders sollte dazu Zugang haben!

Diese Grounding-Technik ist für sich genommen ausreichend. Doch in bestimmten Situationen kann zusätzliches Grounding Ihre Verbindung zur Erde und zu Ihrem Körper unterstützen.

- Dreifaches Grounding ist sinnvoll, wenn eine potentiell bedrohliche Situation auf Sie zukommt: eine Konfrontation, bevorstehende Naturkatastrophen, ein wichtiges Treffen ... Dabei erden Sie sich vom Steißbein aus und durch die beiden Füße. Sie visualisieren also nicht nur die Grounding-Schnur vom 1. Chakra aus, sondern zusätzlich zwei Schnüre von den Füßen (vom Fuß-Chakra an der Wölbung der Fußsohle). Diese drei Schnüre werden im Erdmittelpunkt verankert. Mit dieser soliden Grundverbindung können Sie sich dann besser behaupten.

- Um die Chakren zu reinigen, können Sie einzelne Grounding-Schnüre an jedes Chakra machen, die (in Ihrer Vorstellung) Blockaden und negative Energien abziehen und in den Erdboden leiten. Dann visualisieren Sie, wie goldfarbene Energie die Chakren balanciert und stabilisiert. (Näheres dazu finden Sie im Abschnitt *Energie balancieren* in diesem Kapitel.)

Bei emotionaler, mentaler oder physischer Erschöpfung oder Gefühlen des Abgehobenseins empfehlen sich folgende Techniken:

- Physische Bewegung: Tanzen, Gymnastik oder ein flotter Spaziergang können helfen. So wird die Negativität aufgelöst und der Kontakt zum Körper wiederhergestellt.

- Stellen Sie sich barfuß ins Gras oder an den Strand, um Ihre Verbindung zu Mutter Erde wiederzuerlangen. Die Erd-Energie fließt über die Füße in den Körper und lädt Sie mit neuer Vitalität auf.

- Trinken Sie ein Glas Wasser; es reinigt den Körper und stärkt den Energiefluß.

- Ein Bad oder eine Dusche können helfen. Wasser reinigt den Körper und verstärkt Ihr Körperbewußtsein.

- Auch Sex (so wie es Ihnen gefällt) ist ein gutes Mittel, den Körper anzuerkennen und ihn wirklich zu machen.

- Essen Sie etwas. Auch Nahrung bringt den Körper zurück.

Energetischer Schutz

Bevor wir auf die Energiefluß-Meditation eingehen, soll hier das Thema Schutz angesprochen werden. Mit der Energiefluß-Meditation wird das Energiefeld gereinigt, negative Energie, Verletzungen und alter Ballast werden abgegeben, so daß eine positive höhere Energieschwingung Einzug halten kann. Während des Meditierens sind Sie verletzlicher, und wenn Sie sich nicht vor unerwünschten Energie-Einflüssen schützen, können ungewollte negative Energieschwingungen angezogen werden statt der positiven heilenden Energie. Schutz heißt einfach, daß Sie sich mit einem positiven Energieschild umgeben, so daß keine unerwünschten Gedankenformen oder Größen in Ihr Energiefeld gelangen.

Schutz-Techniken

Meine Erfahrung hat mir gezeigt, daß der beste Schutz einfach darin besteht, darum zu bitten und offen dafür zu sein. Ich mache das zum Beispiel so: »Ich bitte darum, daß das Licht des Allerhöchsten mich füllt und umgibt und mich zum Wohle aller Beteiligten schützt. Ich bitte darum, daß ich offen für Deine Liebe und Führung und Deinen Schutz sein möge.« Vertrauen Sie darauf, daß Gott Sie schützen wird.

Wenn Ihnen das zu schwer greifbar ist, können Sie etwas anderes ausprobieren. Vielleicht macht die folgende Übung das Schutzkonzept auf der Energie-Ebene etwas greifbarer. Sie arbeiten dabei mit dem Bild einer Rose. Es steht für den energetischen Schutzschild, der wie ein Magnet die unerwünschte negative Energie einfängt und absorbiert, so daß sie nicht zu Ihnen durchdringen und Ihren Energiefluß stören kann.

Mit mehreren Schutzschildern oder Rosen können Sie Ihr Energiefeld noch besser schützen. Visualisieren Sie große, schöne Rosen außerhalb Ihrer Aura – vor und hinter Ihnen, rechts und links, oben und unten.

Es macht richtig Spaß, Ihr *Rosenschild* hin und wieder zu checken, um zu sehen, ob er funktioniert. Wenn die Rose verwelkt, wissen Sie, daß sie ihre Arbeit tut, und Sie können sie einfach durch eine andere Rose, egal welcher Farbe und Form, ersetzen. Alles läßt sich als Schild visualisieren, es muß nicht unbedingt eine Rose sein. Lassen Sie Ihrer Phantasie freien Lauf! Im Abschnitt *Energie transformieren* werden wir noch einmal auf das Bild der Rose zu sprechen kommen.

Wenn diese Rosen-Technik bei Ihnen keinen Anklang findet, oder wenn Sie einfach etwas anderes ausprobieren wollen, können Sie die folgenden Vorschläge für Ihren energetischen Schutz einsetzen.

Weitere Techniken

- Eine der besten Schutzmöglichkeiten ist es, die Energie wie durch einen Glaskörper einfach ohne Blockaden durchfließen zu lassen, ohne ihr Widerstand entgegenzusetzen.

- Bringen Sie Ihre Aura näher an den Körper; dazu brauchen Sie es sich nur vorzustellen.

- Stellen Sie sich vor, wie klares, weißes Licht Sie mit seinem Schutz füllt und umgibt.

- Visualisieren Sie eine Lichtsäule, die vom allerhöchsten Punkt kommt und sich in der Erde verankert. Sie selbst stehen in dieser Lichtsäule.

- Mit Räucherwerk aus Salbei, Räucherstäbchen oder brennenden Kerzen können Sie negative Energien verbrennen.

- Visualisieren Sie eine goldene Schutzkrone auf Ihrem Scheitelpunkt.

- Sie können auch um sich herum eine Pyramide *atmen* und dann mit goldener Farbe bedecken.

- Atmen Sie goldenes Licht ein, das Sie ausfüllt und umgibt.

- Visualisieren Sie um sich herum Spiegel, die alle negativen Energien zurück in ihren Ursprung spiegeln.

- Mit einem Gebet können Sie alle Heiligen, Schutzengel und Weisen anrufen. Mein Lieblingsgebet heißt *St. Patrick's Brustpanzer:*

Christus, sei mit mir.
Christus, sei in mir.
Christus, sei vor mir.
Christus, sei hinter mir.
Christus, auf meiner rechten Hand.
Christus, auf meiner linken Hand.
Christus, über mir.
Christus, unter mir.
Christus, um mich herum.

Sie können, wenn Ihnen das lieber ist, den Namen Christus auch ersetzen durch einen Namen für Gott, der für Sie stimmig ist, zum Beispiel Mutter-Vater, Gott, Göttin, Buddha, Shiva, Großer Schöpfer, Höchstes Wesen ...

Bitten Sie ruhig immer um Schutz, nicht nur während der Meditation. Die Wärme, den Trost und die Sicherheit des göttlichen Schutzes, der uns zusteht, zu erfahren, ist etwas Wunderbares.

Energiefluß-Meditation

Sie haben inzwischen gelernt, wie Sie sich mit der Erde verbinden und für längere Zeit geerdet bleiben können. Außerdem wissen Sie nun, wie Sie sich vor negativen Energien schützen können. Jetzt zeigen wir Ihnen eine sehr starke Technik zum Klären des Energiefeldes, die Energiefluß-Meditation. Sie ist so etwas wie eine erfrischende Energiedusche, mit der Sie Ihre Batterien aufladen und Ihren Geist klären können. Diese Meditation ist ein perfektes Gegenmittel nach einem stressigen Tag; sie hilft Ihnen, die Energien anderer Leute loszuwerden und Ihre eigene, verstreute Energie wieder zu sammeln, so daß Sie Ihre Ausgeglichenheit und Ruhe wiederfinden. Auf der psychologischen Ebene können damit alte Muster (Überzeugungen, Verhaltensweisen) und verdrängte Emotionen geheilt und losgelassen werden. Denn durch das Aufrühren der Energie kommen alte Geschichten hoch und können verarbeitet werden. Spirituell wirkt die Meditation, indem sie die energetische Schwingung erhöht. Je höher die Vibration ist, desto klarer können wir mit unserem höheren Selbst, der göttlichen Quelle in uns, kommunizieren, und desto stärker sind unsere heilenden Qualitäten. Wer mit der göttlichen Quelle direkten Kontakt hat, ist auch ein klarerer Kanal für Heilung – bei sich selbst und anderen.

In der Energiefluß-Meditation wird die gütige, nährende und heilende Erd-Energie mit der höherschwingenden,

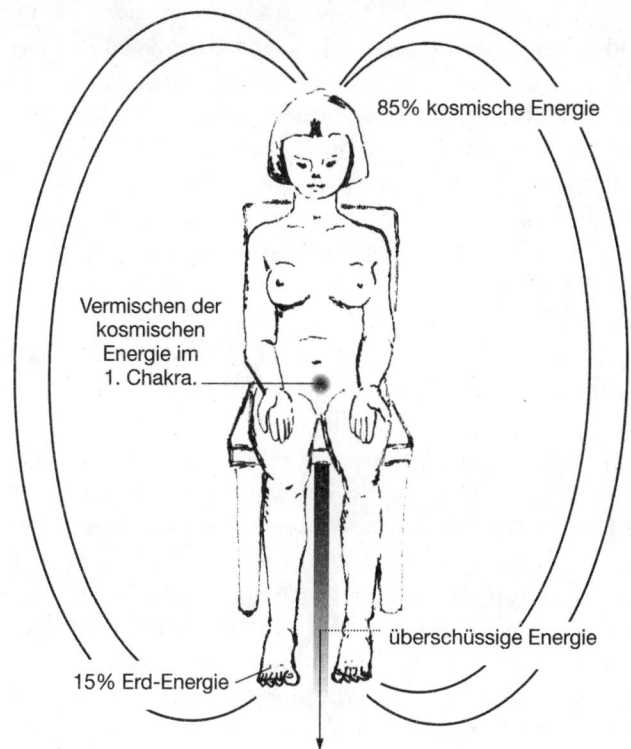

85% kosmische Energie

Vermischen der
kosmischen
Energie im
1. Chakra.

überschüssige Energie

15% Erd-Energie

Abb. 4: Die Energiefluß-Meditation. Überschüssige Energie wird an der Grounding-Schnur entlang nach unten abgeleitet

spirituellen, goldfarbenen kosmischen Energie des Universums vermischt. Erd- und kosmische Energie werden so in ein ausgeglichenes Verhältnis gebracht, um Stabilität auf allen Ebenen (physisch, emotional, mental, spirituell) zu erreichen. Von diesem balancierten, stabilen, neutralen Zustand aus können wir klar erkennen, was zu tun ist, Entscheidungen treffen und ganz allgemein unser Leben selbst in die Hand nehmen.

Zunächst wird nun gezeigt, wie wir die Erd-Energie im Körper fließen lassen können; danach ist die kosmische Energie an der Reihe. So lernen Sie Schritt für Schritt, die beiden Energien zu vermischen und diese kombinierten Heilenergien durch das Energiefeld fließen zu lassen.

Zur Vorbereitung setzen Sie sich bequem und aufrecht, mit offenem Körper auf einen Stuhl; die Füße sind auf dem Boden, die Augen geschlossen. In Abbildung 4 können Sie sehen, daß die Hände ganz entspannt mit den Handflächen nach oben auf den Beinen liegen. Die Hände können auch in eine andere Position gebracht werden, zum Beispiel eine Hand nach oben, die andere nach unten; oder Zeigefinger und Daumen können sich berühren. Ich empfehle für diese Übung aber die Handstellung mit beiden Handflächen nach oben, weil dadurch auch die Hand-Chakren sich in einer offenen Position befinden und so die Energie natürlich und leicht fließen kann. Wenn Zeigefinger und Daumen sich berühren, fließt die Energie in Kreisen. Eine Hand nach oben steht für nach oben gerichtete Energie, eine Hand nach unten lenkt auch die Energie nach unten zur Erde. Alle Positionen sind in Ordnung; wenn Sie die Technik wie empfohlen geübt haben, können Sie ruhig ein wenig experimentieren.

1. Schritt: Erd-Energie fließen lassen

● Sie stellen sich Ihre Erdungs-Schnur vor. Bringen Sie Ihr Bewußtsein in die Gegenwart und lokalisieren Sie Ihre Kopfmitte. Im Abschnitt *Grounding* können Sie noch einmal die Details nachlesen.

● Bitten Sie Ihre Hand- und Fuß-Chakren, daß sie sich an eine für Sie angenehme Größe anpassen. Sie müssen dazu nicht groß nachdenken, die Chakren wissen, was richtig ist.

● Nun stellen Sie sich vor, wie die hellbraune Erd-Energie nach oben in den Körper gezogen wird – über die Fuß-Chakren,
Unterschenkel,
Knie,
Oberschenkel,

1. Chakra,
an der Erdungs-Schnur entlang hinunter. (Der Weg,
den die Energie nimmt, sieht also aus wie ein umge-
kehrtes U.)

Lassen Sie die Energie ein paar Minuten durch Ihren Unterkörper fließen. Sie löst dabei jegliche Blockaden. Machen Sie sich eventuell veränderte Empfindungen bewußt. Nach einigen Minuten stoppen Sie die Erd-Energie
einfach, indem Sie Ihre Energie bitten, wieder normal zu
fließen.

2. Schritt: kosmische Energie fließen lassen

• Sie visualisieren Ihre Erdungs-Schnur, konzentrieren
  Ihr Bewußtsein auf die Gegenwart und lokalisieren
  Ihre Kopfmitte (wie im Abschnitt *Grounding* beschrie-
  ben).
• Dann bitten Sie Ihr 7. Chakra darum, daß es sich öffnet;
  vertrauen Sie darauf, daß auch die Größe richtig ist.
• Nun stellen Sie sich vor, wie goldfarbene kosmische
  Energie durch den Scheitelpunkt in das 7. Chakra ein-
  tritt und die Wirbelsäule durch alle Chakren bis zum
  1. Chakra hinabläuft. Sie fließt dann an der Vorder-
  seite der Wirbelsäule wieder hinauf und verläßt den
  Körper durch den Scheitelpunkt.

Nehmen Sie sich die Zeit, die goldene kosmische Energie
ein paarmal durch den Körper laufen zu lassen und alle
Energie-Blockaden aufzulösen. Es kann passieren, daß
Sie sich leichter fühlen und es etwas schwieriger wird, die
Erdungs-Schnur am richtigen Platz zu halten; vielleicht
schwingen Sie auch ein wenig von einer Seite zur anderen. Nehmen Sie das einfach wahr, und wenn es für Sie
paßt, bitten Sie Ihre Energie, wieder normal zu fließen.
  Wie hat sich das angefühlt? Ist Ihnen eine Energieart
lieber als die andere? Eigentlich fließen beide Energien
immer im Körper. Der Unterschied ist, daß sie bei dieser

Übung einzeln beziehungsweise in einem stärkeren Maß
fließen. Normalerweise hat jeder Mensch seine eigene
Mischung: Unser Energiesystem weiß genau, wie das pro-
zentuale Verhältnis von Erd-Energie zu kosmischer Energie für uns stimmt.

Um bei der Meditation die Energieschwingung zu erhöhen, brauchen Sie mehr kosmische Energie. Doch ausschließlich diese hohe Energie fließen zu lassen, ist nicht
sinnvoll, da Ihnen sonst die Verbindung zum Körper und
zur Erde fehlt – und die ist für Heilung notwendig. Im folgenden ein Rezept für das Fließen von kosmischer und
Erd-Energie als Meditation:

**3. Schritt: Erd-Energie und kosmische Energie fließen
lassen**

- Sie visualisieren Ihre Erdungs-Schnur, konzentrieren
Ihr Bewußtsein auf die Gegenwart und lokalisieren
Ihre Kopfmitte (detailliert im Abschnitt *Grounding* er-
klärt).
- Dann bitten Sie Ihre Fuß- und Hand-Chakren und das
Scheitel-Chakra, eine für Sie passende Größe einzu-
nehmen; denken Sie nicht darüber nach; vertrauen Sie
darauf, daß die Chakren wissen, was stimmig ist.
- Nun lassen Sie wieder die Erd-Energie fließen (wie ge-
rade beschrieben), doch diesmal bitten Sie darum, daß
nur 15 Prozent Erd-Energie eintreten, die Sie dann im
Unterkörper fließen lassen.
- Gleichzeitig fangen Sie nun an, die kosmische Energie
durch den Scheitelpunkt eintreten zu lassen, und zwar
85 Prozent. Insgesamt haben Sie jetzt also 100 Prozent
Energie.
- Die beiden Energien kommen im 1. Chakra zusammen
und vermischen sich zu einer kombinierten Energie.
- Diese Energiemischung fließt jetzt durch den ganzen
Körper, und zwar folgendermaßen:
Beginnend im 1. Chakra, an der Vorderseite der Wir-
belsäule durch die Vorderseite der Chakren *nach oben*

bis zum Scheitelpunkt, wo sie sich wie ein Springbrunnen in Ihre Aura ergießt.

Nach oben durch Arme und Schultern und zu den Hand-Chakren hinaus.

Durch Hüften und Beine *nach unten* und zu den Fuß-Chakren hinaus.

Überschüssige Energie fließt durch die Erdungs-Schnur zum Erdmittelpunkt, von wo aus sie der Erde Heilung bringt und an ihre Quelle zurückkehrt.

Während dieser Meditation kann am Kopf und/oder an den Schultern ein leichter Druck auftreten. In diesem Fall beugen Sie sich einfach nach vorne und laden die Energie ab. Auch nach Abschluß der Energiefluß-Meditation ist dieses Abladen empfehlenswert. Und es geht so:

4. Schritt: Energie abladen
- Nachdem Sie die Energie haben fließen lassen, beugen Sie sich von der Taille aus nach vorne und strecken die Arme über den Kopf.
- Dann senken Sie leicht Kopf und Arme zum Boden, wedeln mit den Fingern und Zehen und lassen überschüssige Energie vom Scheitelpunkt und den Schultern in die Erde fließen, wo sie in Heilenergie umgewandelt wird.
- Jetzt setzen Sie sich wieder aufrecht hin, öffnen die Augen und kehren in den Ausgangszustand zurück.

Am Anfang sollten Sie die Meditation nur ein paar Minuten auf einmal machen und das langsam auf bis zu zwanzig oder dreißig Minuten täglich ausdehnen. Wenn Sie erst einmal mit der Technik vertraut sind, können Sie auch die folgenden Alternativen ausprobieren.

Alternative Techniken
- Vermischen Sie die Erd-Energie und die kosmische Energie im 3. statt im 1. Chakra.

- Lassen Sie die Erd-Energie nicht nur durch den Unter-
  körper, sondern durch den ganzen Körper fließen.
- Lassen Sie die kosmische Energie durch den ganzen
  Körper fließen, ohne Erd-Energie.

Die Energiefluß-Meditation ist eine sehr starke Technik
und kann bemerkenswerte energetische Veränderungen
bewirken und auch Ihre Einstellung verändern. Im nächsten Abschnitt werden zwei weitere Grundtechniken dargestellt; mit ihrer Hilfe kann blockierte Energie freigesetzt werden und die daraus folgenden Veränderungen
gehen einfacher und angenehmer vor sich.

Energie transformieren

Die Energiefluß-Meditation ist eine äußerst wirkungsvolle Reinigungsübung für das Energiefeld; damit kommen auch alte Erinnerungen und Probleme hoch, die wir
irgendwann einmal verdrängt haben, oft in Form von *Bildern*. Auch sie müssen aufgelöst und von ihrer emotionalen Ladung befreit werden – eine Aufgabe der Energie-
Transformation.

Bilder haben eine emotionale Ladung, bis dieser die
Energie entzogen wird. Diese Ladung kann sowohl positiv als auch negativ sein. Es gibt wunderbare Erinnerungen und ganz furchtbare. Wenn man solche Bilder vor
seinem geistigen Auge sieht und sich an das entsprechende Ereignis erinnert, geht man mit seiner Energie in
die Vergangenheit. Indem wir die Gegenwart verlassen,
verlieren wir auch die Erdung, unsere Neutralität, und
werden von dieser Erinnerung kontrolliert. Da Heilung
und schöpferische Tätigkeit nur in der Gegenwart stattfinden können, müssen wir solche Bilder neutralisieren
und ins Hier und Jetzt zurückkommen. Woran erkennen
wir, daß wir auf ein Bild ansprechen? An dem Gefühl,
daß wir wie auf Knopfdruck reagieren. Eine typische Si-

tuation: Sie sprechen mit einem Freund, er sagt etwas, und von Ihnen kommt ein Verhalten, das der Situation überhaupt nicht angemessen ist – eine Überreaktion. Wahrscheinlich reagieren Sie auf ein altes Bild, das plötzlich durch die aktuelle Situation wieder hochkam. Jetzt müssen Sie das alte Bild *ausgraben* und ihm die Energie entziehen. Wenn Sie in einer ähnlichen Situation das nächste Mal neutral bleiben können, ist es Ihnen gelungen. In unserem Energiefeld gibt es Hunderte, wenn nicht Tausende von solchen Bildern, es wird also nicht langweilig werden. Sobald ein Bild neutralisiert ist, kommt das nächste hoch. Lassen Sie das Ganze nicht zu einem Wettstreit werden: »Wer kann die meisten Bilder in der kürzesten Zeit neutralisieren?« Nehmen Sie sich soviel Zeit, wie Sie brauchen; gehen Sie gut mit sich selbst um!

Das Transformieren neutralisiert die Energie (positive und negative Gedankenformen, Gefühle, Emotionen, Muster, Programmierungen von uns und anderen) und unterstützt das energetische Gleichgewicht und damit die Erdung. Bilder, die während des Tages auftauchen, können unsere Erdung und unser objektives Verhalten beeinträchtigen. Warten Sie mit dem Transformieren nicht bis zur nächsten Energiefluß-Meditation! Sie können sie jederzeit und überall ausführen!

Wie bereits erwähnt, verändert sich mit der Praxis der Energiefluß-Meditation die Energie; Blockaden werden gelöst, und die freiwerdende Energie zirkuliert im Energiefeld, bis sie nach außen abgegeben wird. Dies ist eine weitere Aufgabe der Energie-Transformation: zurückbleibende Energie nach außen abzugeben und sie in nutzbare, heilende Energie umzuwandeln. Gleichzeitig werden wir dadurch frei von unerwünschten Einflüssen aus der Vergangenheit und können uns immer mehr die Wirklichkeit schaffen, die wir jetzt haben möchten.

Im folgenden wird Schritt für Schritt erklärt, wie Energie vom geladenen in einen neutralen Zustand transformiert werden kann.

Eine Technik der Energie-Transformation

1. Bauen Sie ein Schutzschild um sich auf, zum Beispiel mit dem Rosenbild (Details im Abschnitt *Energetischer Schutz*).

2. Dann erden Sie sich, bringen sich in die Gegenwart und lokalisieren Ihre Kopfmitte (wie im Abschnitt *Grounding* erklärt).

3. Nun lassen Sie Energie – eine Mischung aus Erd-Energie und kosmischer Energie im Körper fließen (Einzelheiten dazu im Abschnitt *Energiefluß-Meditation*).

4. Das Bild der Rose hilft nicht nur beim Aufbau eines Schutzschildes, sondern auch beim Transformieren der Energie:
   Stellen Sie sich eine große, schöne Rose außerhalb Ihrer Aura vor. Die Rose ist ein universelles Sinnbild der Liebe, Transformation und des Wachstums, symbolisiert durch die Entwicklung von der Knospe zur vollen Blüte, vom Verwelken zu erneuter Blüte. Lassen Sie bezüglich Farbe, Form und Größe Ihrer Rose der Phantasie freien Lauf!

5. Unerwünschte Energie (Emotionen, Situationen, Konzepte, Personen) wird nun in die Mitte der Rosenblüte gebracht. Damit wird niemandem Schaden zugefügt. Sie nehmen nur die Energie, die jemand bei Ihnen plaziert hat, und geben sie zurück.

6. Dann lösen Sie die Rose in winzige Energiepartikel auf – egal mit welcher Methode. Hier ein paar Vorschläge:
   – Sie können sich unter der Rose einen Dynamitstab vorstellen, ihn zünden und explodieren lassen. Diese Methode ist sehr effektiv und vor allem dann vielleicht ansprechend, wenn Sie die alte Energie wirklich loswerden wollen. Allerdings ist das ein ziemlich aggressiver Ansatz; wenn Sie sich damit nicht gut fühlen, entscheiden Sie sich für eine andere Methode. Unter *Weitere Techniken* finden Sie alternative Vorschläge.

- Sie können sich auch vorstellen, wie Sie die Rose mit einem Laser in kleinste Teilchen zerschießen. Denken Sie daran: Sie schaden dabei weder einer echten Rose noch einem anderen Menschen, Sie lösen lediglich ein Bild auf, das für Ihre unerwünschten Programmierungen, Verhaltensweisen oder Emotionen steht.

7. Die Partikelchen zerstreuen sich, und Sie bitten darum, daß jede Energie eine Farbe annimmt und zu ihrer Quelle zurückkehrt. So erhält die andere Person ihre Energie – und Heilung – zurück.

8. Stellen Sie sich eine hell strahlende goldene Sonne über Ihrem Kopf vor.

9. Bringen Sie Ihre eigene Energie in diese goldene Sonne. Sie können Ihre verstreute Energie einfach wie einen Hund rufen und kommen lassen. Da Ihre Energie noch immer vielleicht auch fremde Energie enthält, bringen Sie sie in die goldene Sonne zum Reinigen und Neutralisieren.

10. Sie atmen tief ein und stellen sich beim Ausatmen vor, wie die goldene Sonne sich ausdehnt und Ihre Aura mit der gereinigten, aufgeladenen Energie füllt.

11. Wiederholen Sie die Schritte 3 bis 10 für alle Situationen, die Sie neutralisieren möchten. Dazu sind eventuell mehrere *Durchgänge* nötig. Manchmal reicht ein einziges Mal, manchmal müssen Sie die Technik Hunderte Male ausführen, je nachdem wie tief das Problem geht und wie stark Ihr Wunsch nach Auflösung ist.

12. Zum Abschluß beenden Sie die Energiefluß-Meditation und beseitigen überschüssige Energie durch Ableitung in die Erde, wo Sie transformiert und in Heilenergie umgewandelt werden kann (Details finden Sie im Abschnitt *Energiefluß-Meditation*).

Weitere Techniken

Alternativ oder zusätzlich zu dem Rosenbild können Sie zum Transformieren der Energie folgendes machen:

● Ersetzen Sie die Rose durch eine andere Blume, und gehen Sie dann wie bei der Rose vor.

● Visualisieren Sie die Hände eines Engels, der die Energie hochhebt.

● Visualisieren Sie Luftballons, die die Energie bis ganz nach oben tragen oder mit einem Knall die Energie transformieren.

● Sie können die geladene Energie (Probleme, Situationen) auch in einen imaginierten Koffer hineintun und ihn auflösen.

● Visualisieren Sie Gottes Hände, die einen goldenen Lichtball halten, der die Situationen, Personen oder Probleme aufnimmt.

● Wie wär's mit einem Computer? Sie können die Personen, Situationen oder Probleme in einen Ordner auf dem Bildschirm packen und ihn entweder in den *Papierkorb* legen oder einfach per Knopfdruck löschen.

● Das Verbrennen von Salbei, Räucherstäbchen oder Kerzen unterstützt die Energie-Transformation in Ihrer Umgebung beziehungsweise Ihrem Energiefeld.

● Stellen Sie kleine Gefäße mit Salzwasser in die Zimmerecken, die negative Energie absorbieren und transformieren helfen.

● Sie können sich und das Zimmer mit Weihwasser besprenkeln und so die Energie reinigen und transformieren.

● Die Klangschwingung von Glockenspielen zerbricht negative Vibrationen in Ihrer Umgebung und Ihrer Aura.

● Lachen Sie! Humor ist hilfreich. Nehmen Sie sich nicht gar zu ernst. Lachen läßt kristallisierte Energie zerspringen und hat deshalb eine transformierende und heilende Wirkung.

Energie balancieren

Mit dem Praktizieren der Energiefluß-Meditation und der Energie-Transformationen verändern Sie Ihr Energiesystem nachhaltig. Es kann passieren, daß Sie sich zeitweise hauptsächlich auf ein bestimmtes Chakra und die damit verbundene Problematik konzentrieren; das ist ganz natürlich. Doch wie in allen Situationen, wo eine Sache total im Mittelpunkt steht, entsteht auch hier ein Ungleichgewicht, so daß das System wieder in Balance gebracht werden muß. Es ist wie beim Muskeltraining: Wer sich nur auf den Oberkörper konzentriert, entwickelt diesen übermäßig, und die Proportionen stimmen nicht mehr, weil Hüften, Schenkel und Gesäßmuskulatur nicht mit trainiert wurden. Wenn da keine Abhilfe geschaffen wird, kann der Unterkörper irgendwann vielleicht den Oberkörper nicht mehr tragen und muß das Ungleichgewicht irgendwie kompensieren. Der Körper ist nicht mehr in Harmonie und nicht mehr voll funktionsfähig. Deshalb muß das Training an die Bedürfnisse des Unterkörpers angepaßt werden, ohne deswegen Brustkorb, Rücken, Arme und Schultern zu vernachlässigen. Ähnliches passiert auf energetischer Ebene mit der Energiebalance-Technik: Wir können uns weiterhin auf ein bestimmtes Chakra konzentrieren, während wir gleichzeitig die anderen Energiezentren balancieren, stabilisieren und aufeinander abstimmen. So bleibt das Energiesystem voll funktionsfähig. Das bringt auch eine natürliche Körperharmonie mit sich – Anmut, Stabilität und Balance. In diesem neutralen Zustand können wir unseren freien Willen einsetzen und mit größerer Klarheit, Bewußtheit und Kontrolle agieren.

Diese Technik läßt sich wunderbar zur schnellen Harmonisierung anwenden, und sie bringt – als Schlußreinigung vor dem Beenden der Energiefluß-Meditation – alle Chakren in Balance.

Eine Technik zum Balancieren der Energie

Während der Energiefluß-Meditation können Sie folgendes visualisieren. *Visualisieren* heißt, daß Sie vor Ihrem geistigen Auge ein Bild erschaffen beziehungsweise ein Gefühl dazu, um es realer zu machen. Übrigens: Wenn Sie sich die Energiefluß-Meditation noch einmal veranschaulichen möchten, schlagen Sie im vorhergehenden Abschnitt nach.

Die Chakren balancieren

Führen Sie die Schritte 1 bis 7 nach und nach für jedes Chakra aus: Beginnen Sie beim 1. Chakra, da die drei unteren Chakren die dichteste Energieschwingung haben – bei ihnen geht es hauptsächlich um den physischen Körper und emotionale Themen. Das nimmt mehr Aufmerksamkeit in Anspruch als bei den oberen Chakren. Mit ihrer höheren Schwingung können Blockaden im 5., 6. und 7. Zentrum leichter aufgelöst werden.

1. Lassen Sie alle fremden Energien los, wenn das für Sie stimmig ist. Ihr Wille ist dabei das Entscheidende, denn wenn Sie nicht wirklich dazu bereit sind, sind die Blockaden bald wieder da. Empfehlenswert ist eine Kombination aus Visualisierung und physischer Bewegung. Ihre Hände befinden sich ein paar Zentimeter vom Chakra entfernt, die eine davor, die andere dahinter. Wenn Ihnen das körperlich nicht möglich ist, stellen Sie es sich einfach vor. Fühlen Sie ein wenig herum, um eventuell blockierte Energie zu lokalisieren. Mit einer fegenden Handbewegung nehmen Sie diese Energie und schnippen sie in eine visualisierte Rose außerhalb Ihrer Aura. Dann lösen Sie die Rose auf. Das Ganze wiederholen Sie so oft, bis Sie zum nächsten Schritt weitergehen möchten.

2. Jetzt reinigen Sie das Chakra mit visualisierter goldfarbener kosmischer Energie, die jedes Chakra durchströmt. Sie können auch die Hände wieder vor und

hinter das Chakra halten (mindestens 15 Zentimeter entfernt) und sich vorstellen, wie die goldene Energie zwischen den beiden Händen hin und her fließt und so das Chakra durchspült.

3. Nun werden eventuell vorhandene Energie-Schnüre entfernt. (Näheres dazu im folgenden Abschnitt – *Energie-Schnüre.*)

4. Bringen Sie das Chakra in die Gegenwart, einfach indem Sie es darum bitten.

5. Füllen Sie das Chakra mit Ihrer höchsten Zuneigung. Dazu bringen Sie wieder die Hände vor oder hinter das Chakra und visualisieren die Farbe Rosa oder Pfirsich, die kosmischen Farben der Zuneigung; sie fließen zwischen den Händen hin und her und füllen das Chakra mit Zuneigung, um damit Raum für sich und Ihren Anspruch auf Ihr Chakra geltend zu machen.

6. Füllen Sie das Chakra mit goldfarbener kosmischer Energie. Die Hände bleiben in der gleichen Position wie vorher, und Sie stellen sich vor, wie goldene Energie zwischen Ihren Händen fließt und das Chakra mit goldener Schwingung füllt.

7. Bitten Sie das Chakra, stabil und ausgeglichen zu werden und in Harmonie mit den anderen Chakren zu schwingen. Dazu müssen Sie nichts tun, Ihre Absicht genügt.

8. Jetzt ist das nächste Chakra an der Reihe. Sie führen die Schritte 1 bis 7 bei allen sieben Hauptchakren aus. Dann können Sie die Nebenchakren an Armen und Beinen reinigen.

Die Energiekanäle in Armen und Beinen balancieren

1. Stellen Sie sich vor, wie goldene Energie von der Stelle am Rücken (hinter dem Herz-Chakra) durch Schultern und Arme und durch die Ellbogen hinausfließt.

2. Visualisieren Sie, wie Ihr Ellbogen-Chakra durch den goldenen Energiestrom gereinigt wird.

3. Bitten Sie das Chakra, in die Gegenwart zu kommen und stabil und ausgewogen zu sein.

4. Dann stellen Sie sich vor, wie die goldfarbene kosmische Energie vom Ellbogen-Chakra zum Hand-Chakra fließt.

5. Auch das Hand-Chakra wird durch die goldene Energie gereinigt.

6. Bitten Sie auch das Hand-Chakra, in die Gegenwart zu kommen und stabil und ausgewogen zu sein.

7. Die Schritte 1 bis 6 werden für den anderen Arm wiederholt. Dann sind die Beine an der Reihe.

8. Stellen Sie sich vor, wie die goldene Energie von der Rückseite des 2. Chakras in das Knie-Chakra fließt.

9. Dann visualisieren Sie, wie die goldene Energie durch das Chakra fließt und es reinigt.

10. Bitten Sie das Chakra, in die Gegenwart zu kommen, stabil und ausgewogen zu sein.

11. Dann senden Sie die goldene kosmische Energie vom Knie-Chakra zum Fuß-Chakra.

12. Die goldfarbene Energie reinigt auch das Fuß-Chakra.

13. Bitten Sie das Chakra, in die Gegenwart zu kommen, stabil und ausgewogen zu sein.

14. Wiederholen Sie die Schritte 8 bis 13 mit dem anderen Bein.

Zum Abschluß dieser Balance-Technik atmen Sie tief ein und füllen beim Ausatmen Ihre Aura mit rosa- oder pfirsichfarbener Zuneigung. Visualisieren Sie einen goldenen Energieschild, der Ihre Aura versiegelt und Sie schützt.

Weitere Techniken
Für eine schnelle Reinigung stellen Sie sich eine goldene Rose vor, mit der Sie – wie mit einer Flaschenbürste – die einzelnen Chakren reinigen. Schrubben Sie sie außen und innen so richtig blitzsauber. Wenn die Rose schmutzig

wird, ersetzen Sie sie durch eine frische goldene Rose für das nächste Chakra.

Im folgenden Kapitel *Chakra-Therapien* werden weitere Techniken zum Ausbalancieren der Energie detailliert beschrieben mit unterschiedlichen Therapien für jedes Chakra:

- Klang (Singen, Chanten, Instrumentalmusik)
- Farben
- Aroma
- Kristalle und Edelsteine
- Yoga-Übungen
- Atem-Übungen.

Energie-Schnüre

Auf das Konzept der Energie-Schnüre wurde bereits mehrmals hingewiesen. An dieser Stelle folgt nun eine genauere Erklärung. Einfach ausgedrückt sind Schnüre eine Forderung nach Aufmerksamkeit. Sie sind Energielinien; man kann sie sich wie eine Schnur vorstellen, die in ein oder auch mehrere Chakren eintreten und so eine Verbindung mit jemand anderem herstellen.

Das ist zwischen Menschen allgemein üblich und – auf einer eher grundlegenden Ebene – auch zwischen Tieren und Menschen. Normalerweise ist uns das gar nicht bewußt. Oberflächlich gesehen ist es etwas Gutes, weil dadurch Kontakt mit anderen hergestellt wird und keine Isolationsgefühle aufkommen. Wenn es überhandnimmt, hat dies allerdings eine sehr zerstörerische Kraft, da man sich der Kontrolle eines anderen aussetzt. Wer viele solcher Schnüre hat, agiert zumindest teilweise unter dem Einfluß oder mit der Energie von anderen.

Das hat nichts mit Opfer sein zu tun. Eine Schnur kann man niemandem aufzwingen. Zumindest auf einer Ebene nehmen wir sie willig an. Zum Tango-Tanzen gehören immer zwei! Die Frage lautet also: »Möchte ich diese

Schnur behalten? Wenn nicht, was ist mein Anteil daran?
Wie bin ich darauf *angesprungen*? Welches Bild steckt
dahinter?«

Vielleicht möchten Sie manche Schnüre erst einmal
noch behalten, weil sie relativ harmlos sind und Ihre
Energie nicht erschöpfen. Eine Schnur im 2. und 4. Chakra bei Liebespaaren ist beispielsweise etwas Positives.
Die Schnur im 2. Energiezentrum sorgt für die sexuelle
Anziehungskraft, durch die Verbindung im 4. Chakra
sind auch das Herz und die Liebe mit dabei. Auch die
Schnur im 1. Chakra zwischen Mutter und Kind ist positiv und gut, denn das Baby ist die ersten ein, zwei Jahre
zum Überleben auf die Mutter angewiesen. Auch Haus-
tiere bilden Schnüre. Mir ging es so mit meinen Katzen.
Wenn ich einkaufen war, hatte ich den unbezwingbaren
Wunsch, Katzenfutter zu besorgen, obwohl davon jede
Menge schon vorrätig war. Solche Schnüre sind harmlos
und helfen, mit anderen in Verbindung zu sein.

Doch es gibt auch negative Schnüre, die mit ihrer ma-
nipulativen und kontrollierenden Qualität für uns eine
Bedrohung darstellen. Im Kapitel über emotionale, mentale und physische Störungen in Verbindung mit den einzelnen Chakren und auch im Überblick zu dem Chakra-
System wurden diese detailliert beschrieben. Solche
Schnüre sollten sehr wohl entfernt werden, zum Beispiel
mit der folgenden Technik.

Schnüre entfernen

Schnüre kann man in der Aura und in den Chakren sehen, visualisieren, spüren oder fühlen, indem man die
Hände langsam an den Chakren entlang bewegt und so
sein Energiefeld abtastet. Die Energie kann sich kalt oder
warm oder an einer Stelle dichter anfühlen; vielleicht
spüren Sie auch ein Pulsieren oder Hitze in der Hand
oder haben eine Intuition, daß es da eine Schnur gibt. All
das zeigt an, daß es eine Energie-Blockade gibt oder eben
eine Schnur, die die Energie blockiert. Hören Sie auf sich!

Sie werden mit der Zeit Ihre ganz eigenen Signale entwickeln, die eine Störung anzeigen.

Eine Schnur kann lang, kurz, dick, dünn, leicht oder
schwer zu entfernen sein. Es gibt keine festen Regeln. Es
gilt jedoch immer: die Schnur sanft entfernen, damit Sie
kein Loch in die Aura oder das Chakra reißen. Die meisten Schnüre rutschen leicht heraus. Zunächst müssen Sie
die Schnur lokalisieren. Legen Sie die Hand auf die Stelle,
wo Sie die Schnur vermuten, visualisieren Sie dann die
Schnur, drehen Sie sich leicht zu einer Seite (zunächst auf
der Haut), und ziehen Sie sie dann mit der Hand heraus;
Sie können sich auch eine Hand vorstellen, die das tut.
Dann machen Sie in das Ende einen Knoten und werfen
die Schnur weg, zum Beispiel in eine Rose außerhalb der
Aura. Schicken Sie die Energie zu der Person zurück, die
Ihnen die Schnur eingepflanzt hat. Dann legen Sie die
Hand wieder auf die Stelle und visualisieren goldene kos-
mische Energie, die heilend und lindernd wirkt.

Was, wenn eine Schnur nicht heraus will? Dann fragen
Sie, wer der Besitzer ist. Oder Sie folgen der Schnur mental aus der Aura heraus, bis Sie sehen, visualisieren,
spüren oder fühlen, wer die Person ist. Danken Sie dann
diesem Menschen für sein Interesse, und teilen Sie ihm
mit, daß Sie die Schnur nicht möchten. Wenn die Person
weiterhin Verbindung mit Ihnen haben will, können Sie
vorschlagen, daß dieser Kontakt bewußt auf der physischen anstatt auf der Astralebene stattfinden sollte.

Sieben Chakra-Therapien
für jedes Chakra

Die Energiefluß-Meditation ist nur eine Methode, mit deren Hilfe die Chakren gereinigt, aufgeladen und balanciert werden können. Im folgenden werden sieben weitere Therapien vorgestellt, als Ergänzung oder an Stelle
der Energiefluß-Meditation. Die sieben Therapieformen
werden bei jedem Chakra beschrieben. Wenn Sie also
wissen, welches Chakra bei Ihnen am unausgeglichensten
ist, können Sie hier im entsprechenden Abschnitt nach-
schauen. Doch zunächst einmal eine kurze Beschreibung
der vorgestellten Therapieformen.

Natur-Therapie

In der Natur-Therapie werden verschiedene Umgebun-
gen zum Stimulieren oder Entspannen der Chakren empfohlen. Optimal wäre das Meditieren in der echten Natur. Da dies aber oft nicht möglich ist, wird – als
zweitbeste Methode – die entsprechende Umgebung visualisiert oder kontemplativ ein entsprechendes Photo
angeschaut. Es gibt nichts Richtiges oder Falsches. Machen Sie mit Ihrer Kreativität die Umgebung wirklich!

Klang-Therapie

Bei dieser Therapie werden Musik und das Chanten von
Vokalen eingesetzt, um Vibrationen zu erzeugen, auf die
die einzelnen Chakren reagieren. Die Auswahl der Musik
kann sehr individuell sein; verlassen Sie sich auf Ihren In-

stinkt und lauschen Sie der Musik, bei der Sie resonieren. Inzwischen gibt es unzählige CDs und Kassetten speziell zum Harmonisieren der Chakren und für eine friedliche, gelassene Stimmung. Die Musik von Ravi Shankar zum Beispiel erhöht die Energieschwingung der Chakren. Vielleicht fühlen Sie sich auch zu bestimmten Instrumenten hingezogen: zum Beispiel Trommeln, Glockenspiele, Kristallkugeln oder Chakra-Stimmgabeln. Vertrauen Sie einfach Ihrem Instinkt!

Auch Ihre eigene Stimme ist in der Klang-Therapie ein wichtiges Instrument. So werden für die einzelnen Chakren bestimmte Vokallaute verwendet, um das jeweilige Chakra zu balancieren. Beim *Chanten* wiederholen Sie den gewählten Vokal ständig und regelmäßig – immer in Harmonie mit der Atmung! In den folgenden Abschnitten wird für jedes Chakra das Chanten eines bestimmten Vokals empfohlen und das Singen dieses Vokals in dem jeweils angegebenen Ton der Tonleiter. Dabei ist es völlig gleichgültig, ob Sie sich für musikalisch halten oder nicht. Sie haben eine schöne Stimme, die gehört werden sollte!

Farb-Therapie

Das Konzept der Farb-Therapie beruht darauf, daß auch Farben bestimmte Schwingungen haben, die die Chakra-Energie beeinflussen und sie öffnen, klären und balancieren können. Es gibt dafür mehrere Möglichkeiten.

Zum einen kann man sich vorstellen, wie man die entsprechende Farbe in den Körper einatmet und sich dabei auf das Chakra konzentriert, so daß die Farbe den Körper und die Aura füllt. Man kann die Farbe auch während der Energiefluß-Meditation über dem Scheitel-Chakra, also über dem Kopf, visualisieren. Das ist eine wunderbare Reinigungs-Technik. Wenn Ihnen die empfohlene Farbe nicht angenehm ist, dann fragen Sie einfach Ihren Körper, welche Farbe er möchte. Vertrauen Sie darauf, daß die Antwort stimmt, und atmen Sie dann diese Farbe in Ihr Energiefeld ein. Wenn man eine Farbe *sieht*, nimmt man eigentlich eine Schwingung wahr. Diese Vibration meint für den einen vielleicht *Blau*, ein anderer aber sieht *Grün* – die gleiche Vibration, aber verschiedene Worte dafür. Man kann auch mit der Farbe seiner Kleidung ein bestimmtes Chakra unterstützen, um es zu entspannen oder zu aktivieren. Noch besser ist es, die Farbe an der Stelle zu tragen, wo auch das Chakra sitzt. Eine weitere Möglichkeit ist es, seine Umgebung farblich auf seine Energie und die gewünschten Resultate abzustimmen.

Aroma-Therapie

In der Aroma-Therapie, der Wissenschaft des Duftes, werden essentielle Öle kontrolliert für das physische und emotionale Wohlergehen eingesetzt. Diese Öle werden entweder auf die Haut aufgetragen oder eingeatmet. Unser Geruchssinn ist einer unserer mächtigsten Sinne und kann sich stark auf den Heileffekt und die Entspannung auswirken. Bestimmte Düfte stimulieren oder entspannen ein bestimmtes Chakra und helfen uns, damit verbundene emotionale und physische Probleme zu heilen.

Die Aroma-Therapie ist ein sehr aufregendes und umfangreiches Studienfeld. Im Anhang werden dazu mehrere Bücher empfohlen.

Sie können beispielsweise ein paar Tropfen des essentiellen Öls mit Wasser mischen, dieses erhitzen und die Dämpfe einatmen. Oder Sie können es als Badezusatz verwenden. Eine andere Möglichkeit besteht darin, es in Ihr Massageöl zu mixen und auf der Haut zu verwenden. Vielleicht möchten Sie auch ein paar Mark in ein Aromalämpchen investieren? Probieren Sie einfach aus, was bei Ihnen am besten wirkt, und genießen Sie es!

Reflexzonen-Massage

Bei dieser Form der Massage werden die Reflexzonen über die Akupressurpunkte stimuliert. Es gibt am Körper viele Reflexzonen (Hände, Ohren, Gesicht, Augen), die bestimmten Organen entsprechen. Am bekanntesten ist die Fußreflexzonen-Massage; an den Füßen gibt es auch eine Entsprechung für die sieben Hauptchakren. Massieren Sie einfach die empfohlenen Reflexzonen und Druckpunkte mit den Fingern in sanften, kreisförmigen Bewegungen.

Edelstein- und Kristall-Therapie

In dieser Therapie werden mit Hilfe der heilenden Schwingungen bestimmter Edelsteine und Kristalle spezifische Chakren aktiviert oder entspannt. Jeder Kristall oder Edelstein sendet eine Schwingung aus, die mit der Energie eines Chakras und den damit verbundenen Gesundheitsproblemen resoniert. Es geht ganz einfach: Legen Sie den Edelstein oder Kristall, der mit dem behandelten Chakra korrespondiert, auf den Körper an die entsprechende Stelle, und zwar so lange Sie das wünschen. Oder Sie tragen den Stein bei sich, entweder an einer Halskette oder einfach in der Hosentasche. Alle sieben Chakren auf einmal können Sie balancieren, indem Sie sich für 20 Minuten bequem auf den Rücken legen und einen Stein auf jedes Chakra plazieren. Je nachdem, wie sensibel Sie auf die Steine reagieren, sind auch die Wirkungen unterschiedlich. Die meisten Steine resonieren nicht nur mit einem Chakra. Wenn sich Ihr Leben verändert, werden Sie auch unterschiedliche Steine einsetzen.

Am besten reinigen Sie die Steine, bevor Sie sie für therapeutische Zwecke benutzen. Sehr effektiv ist das Einlegen in Salzwasser über Nacht. Wenn kein Meerwasser zur Verfügung steht, können Sie aus Meersalz und Wasser Ihr eigenes *Meerwasser* herstellen. Wenn es schnell gehen muß, können Sie die Steine auch unter fließendem Wasser reinigen oder sie durch Salbei-Rauch ziehen.

Auch hier gilt: Folgen Sie Ihrem inneren Führer und Ihrer angeborenen Fähigkeit zu heilen.

Fitneß-Übungen

Ich bin selbst Fitneß- und Aerobic-Lehrerin und weiß deshalb aus eigener Erfahrung um die gesundheitliche Wirkung dieser Übungen. Wenn man die üblichen Übungen und Dehnungen ein wenig abändert, haben Sie eine balancierende und aufbauende Wirkung auf das Chakra-System. Die meisten Dehnungen kommen aus dem Yoga und müssen deshalb nur minimal abgeändert werden.

Wir stellen auch eine Übung vor, die jeden Tag ausgeführt werden kann. Sie hat einen positiven, harmonisierenden Einfluß auf die Chakren und stärkt außerdem den Körper.

Yoga-Therapie

Ein Buch über Chakra-Therapie wäre unvollständig ohne Yoga. Hier wird dieses weite Feld zwar nur oberflächlich berührt, aber dennoch ist es erwähnenswert. Das Wort *Yoga* kommt von dem Sanskrit-Wort *Yuj* und bedeutet: zusammenbringen, integrieren, ganz machen.

Im Westen ist vor allem Hatha-Yoga, das *Yoga der Gesundheit*, bekannt und beliebt. Dabei geht es hauptsächlich um Atmung und bestimmte Stellungen. Die in den Yoga-Abschnitten erwähnten Stellungen *Asanas* kommen aus dem Hatha-Yoga. Wer dies vertiefen möchte, kann Yoga-Stunden besuchen oder mit Videos und Büchern lernen, je nachdem, was den persönlichen Bedürfnissen am ehesten entspricht. Ich finde Yoga-Unterricht am besten, da in diesem Fall ein Lehrer da ist, der den Schüler unterstützt und die Positionen und Technik korrigiert.

Yoga-Übungen schenken uns Harmonie und körperliche, mentale und spirituelle Ruhe. Mit Hilfe der Yoga-Atmung lernen wir, unsere Aufmerksamkeit nicht auf Ablenkungen zu richten und uns statt dessen auf die Atmung zu konzentrieren. Das beruhigt den ganzen Körper und verhilft uns zu mehr Selbstbeherrschung.

Die verschiedenen Yoga-Arten sind so eng miteinander verbunden, daß es fast unmöglich ist, eine in reiner Form zu praktizieren. Für sechs der sieben Chakren gibt es eine bestimmte Yoga-Praxis, die bei den einzelnen Chakren kurz beschrieben wird. Manche Yoga-Positionen haben bekanntermaßen eine positive Wirkung bei gesundheitlichen und emotionalen Störungen und werden zwar aufgelistet, aber nicht näher beschrieben, da dies den Rahmen dieses Buches sprengen würde. Wer sich näher damit beschäftigen möchte, sei auf die empfohlene Literatur am Ende des Buches verwiesen.

Tragen Sie beim Yoga bequeme Kleidung. Geübt wird auf einer Matte oder einer gefalteten Decke auf dem Boden. Atmen Sie dabei tief durch die Nase in den Bauch ein und nehmen Sie eine Haltung der Aufmerksamkeit an.

Therapien für das

1. Chakra

Natur-Therapie
Sie sitzen im Lotussitz mit gekreuzten Beinen auf dem Boden. In dieser Position kommt das 1. Chakra am unteren Ende der Wirbelsäule direkt mit der Erde in Kontakt und verstärkt so Ihre Erdung. Betrachten Sie dabei (in Wirklichkeit oder in Ihrer Vorstellung) die schönen Rot- und

Orangetöne des Himmels bei Sonnenuntergang und Son-
nenaufgang. Diese Schönheit und Harmonie ist eine Ver-
jüngungskur für das 1. Chakra. Spüren Sie, wie Ihr
ganzes Chakra-System und Ihr Körper von Wärme
durchflutet werden. Auch Ihre Sinne werden durch diese
Farben stimuliert. In Ihnen erwacht Ihre Leidenschaft
und Ihr Feuer für das Leben.

Klang-Therapie

Durch Musik mit einem gleichmäßigen, treibenden und
starken Rhythmus wird die Urkraft des 1. Chakras erweckt. Trommeln erhöht das Energie-Niveau insgesamt,
und die hochsteigende Energie führt manchmal zu einem
ritualhaften, ekstatischen Tanz. Das ist selbst in Diskos
mit dröhnenden Bässen oder Schlagzeugrhythmen zu be-
obachten. Zur Entspannung des 1. Chakras lauschen Sie
auf die Klänge der Natur – Vogelgesang, zirpende Gril-
len, Froschgequake, alles in einem der Natur angepaßten
Rhythmus.

Sie können auch Ihre eigene Stimme einsetzen – chanten Sie den Vokal U, oder singen Sie ihn als tiefes C.

Farb-Therapie

Ein strahlendes Hellrot ist die Farbe des 1. Chakras. Die
rote Farbe wärmt, vitalisiert und erweckt die Lebensenergie. Ich empfehle eher hellrote als blaurote Töne, da
Dunkelrot oft auch mit Depressionen und nicht ausge-
lebter Wut assoziiert wird. Aber wie immer gilt: Finden
Sie heraus, was für Sie stimmig ist.

Aroma-Therapie

Um das 1. Chakra zu aktivieren, Depressionen entgegen-
zuwirken, den Kreislauf anzukurbeln und sich *aufzuwär-
men*, können unter anderem folgende Düfte eingesetzt
werden: Rose, Jasmin, Patschuli, Sandelholz. Mit Zeder
wird die Verbindung zur Erde gestärkt. Nelke ist ein aus-
gezeichnetes Mittel zum Auflösen von Blockaden.

Reflexzonen-Massage
An der Ferse, leicht nach innen, gibt es einen Druckpunkt, den Sie sanft massieren können, und zwar mit
gleichmäßigem Druck. Das stimuliert das Chakra und
löst Energie-Blockaden.

Edelsteine und Kristalle
Achat, Granat, Hämatit, Heliotrop, Pyrit, Roter Jaspis,
Rote Koralle, Rauchquarz, Rubin, Schneeflocken-Obsi-
dian, Schwarzer Obsidian, Schwarzer Turmalin

*Die transformativen Qualitäten von
Edelsteinen und Kristallen*

Achat: Erleichtert das Erkennen der Wahrheit und Anerkennung; Stein zum Erden und Energetisieren; vermischt
und vereinigt Energien zum Schutz und zur Stärkung;
kraftvoller Heilstein.
Granat: Stärkt, reinigt und energetisiert den Körper; unterstützt den Kreislauf; steigert den Sexualtrieb und
gleicht Störungen der Schilddrüse aus; stärkt das Mitgefühl, die Liebesfähigkeit, die Phantasie; vermindert Unsicherheit; vertreibt Negativität; stärkt Initiative und Willenskraft.
Hämatit: Fördert Stärke und Vitalität sowie die Streßbe-
lastbarkeit; erhöht Charisma, Optimismus, Selbstbeherrschung und Mut; löst negative Energie auf und fungiert
als Schutzschild gegen äußere Kräfte; unterstützt die Sauerstoffzirkulation im Körper; lindert Entzündungen;
senkt Fieber.
Heliotrop: Schutz vor Verletzungen und Krankheit;
stärkt die physische Ausdauer und mentale Wachheit; reduziert emotionalen und mentalen Streß; kraftvoller
Heilstein für den physischen Körper z.B. bei Kopfschmerzen, Bluthochdruck, Herzstillstand, Nierenpro-
blemen; beeinflußt die innere Führung und den Wunsch
zu dienen.

Pyrit: Wirkt verdauungsfördernd; verbessert die Sauerstoffzirkulation; positiver Einfluß auf unsere Lebenseinstellung; verstärkt das emotionale Wohlbefinden und die
Selbstbeherrschung; unterstützt harmonisches Zusammenarbeiten, da die persönliche Schwingung sich auf andere besser einstellen kann.

Roter Jaspis: Kraftvoller Heilstein für den physischen
Körper; stärkt Blut und Vitalität sowie unser Gefühl für
Sicherheit, Stärke und Geduld; wirkt angstmindernd;
verstärkt Sensibilität für die Erde und Erdung; repräsen-
tiert die Erd-Energie.

Rote Koralle: Stabilisiert und balanciert den Emotions-
fluß, unterstützt die emotionale Haltung, den kreativen
Ausdruck und die Entwicklung einer positiveren Einstellung; intensiviert Sensibilität und Bewußtsein für uns
selbst, andere und das Leben im allgemeinen.

Rauchquarz: Balanciert die Sexualenergie; mindert Depressionen; löst Blockaden und Negativität auf allen Ebenen; läßt uns Träume besser erinnern; macht offen für
Channeling; unterstützt Erdung und Zentrierung.

Rubin: Intensiviert Gefühle der Liebe und des Mitgefühls;
stimuliert den Sexualtrieb; der Stein für Mut, Rechtschaf-
fenheit, Dienst an anderen, spirituellen Fokus, Macht und
Führerqualitäten; regeneriert das physische Herz; energetisiert das Blut und das gesamte Energiesystem.

Schneeflocken-Obsidian: Ähnlich wie der Schwarze Obsidian, aber nicht ganz so intensiv; hilft, sich auf leichtere Art
und Weise mit seiner inneren Tiefe auseinanderzusetzen; die
schwarze und weiße Farbe symbolisieren das Gleichgewicht und die wahre Einheit der Polaritäten (männ-
lich/weiblich, Geist/Materie, dunkel/hell, positiv/negativ).

Schwarzer Obsidian: Integriert Verstand und Emotionen; verankert die spirituelle Energie auf der physischen
Ebene; absorbiert und löst negative Energie; verhindert
emotionale Erschöpfung durch andere; wirkt streßmindernd; hilft beim Klären zugrundeliegender Blockaden
und hat lindernde Wirkung in Zeiten des Übergangs; un-

terstützt den Kontakt mit den tiefen Schichten in uns, die normalerweise nicht erkannt, akzeptiert und genährt werden; gut für Magen, Dickdarm und Uterus.

Schwarzer Turmalin: Schutzstein – vertreibt Angst und Negativität; unterstützt die Konzentration; verstärkt Intensität und Verständnis; kraftvoller Heilstein; verankert höhere Schwingungen im physischen Körper; fördert die innere Weisheit, Selbstbeherrschung, Gelassenheit und Stärke; aktiviert die Nebennieren; positive Wirkung auf Wirbelsäule, Dickdarm und Beine.

Yoga-Therapie
Mit dem 1. Chakra werden zwei Yoga-Arten assoziiert: Hatha-Yoga und Kundalini-Yoga. Wie bereits erwähnt, ist Hatha-Yoga im Westen am bekanntesten. Traditionell wird es als Vorbereitung für die anderen Formen von Yoga angesehen. Es reinigt das Bewußtsein indirekt durch den Körper, und zwar mit Hilfe der Atmung, durch Körperstellungen und Muskelkontrolle. Hatha-Yoga-Techniken reinigen das Blut, Gewebe und Drüsen sowie das Nervensystem und schenken uns Harmonie und Ausgeglichenheit.

Hatha kommt von *ha* (die Sonne) und *tha* (der Mond). Einatmen durch den rechten Nasenflügel ist der *Sonnenatem*, durch den linken der *Mondatem*. Die Konzentration auf den Atem hilft, die positiven (Sonnen-) und negativen (Mond-)Polaritäten zu balancieren – männlich-weiblich, Yin-Yang usw.

Auch das Kundalini-Yoga (die Schlangenkraft) steht mit dem 1. Chakra in Verbindung. *Kundalini* ist im Yoga die Lebensenergie, die schlafend am unteren Ende der Wirbelsäule, am Steißbein, liegt. Symbol dafür ist die Schlange. Hier geht es darum, vor allem durch Atem- und Haltungsübungen diese schlafende Kundalini-Kraft zu erwecken und sie über die Chakren emporzuführen – bis zum obersten Chakra, um dort zur Erleuchtung (*Samadhi*) zu gelangen. Dieser äußerst komplexe und potentiell gefährliche Prozeß dauert Jahre, wenn nicht sogar das ganze Leben. Es ist unbedingt empfehlenswert, sich der Führung eines qualifizierten Lehrers anzuvertrauen.

Empfohlene Yoga-Stellungen
Rückenschmerzen: Bogen, Kobra, Kuhgesicht, Rückendehnung, Wirbelsäulendrehung
Ischias: Großer Zeh
Krebs: Sonnengruß
Menstruationsbeschwerden: Stern-Position

Körper- und Atemübungen
Allgemeine Übung: Halbe Hocke
Sie visualisieren eine Energiesäule, die vom unteren Ende der Wirbelsäule bis hinunter zum Erdmittelpunkt geht und sich dort verankert. Damit sind Sie geerdet und können die folgende Übung ausführen:

1. Sie können dazu einen Stuhl zu Hilfe nehmen. Sie stehen etwa 30 Zentimeter vor dem Stuhl, mit dem Gesicht abgewandt. Die Füße stehen schulterbreit auseinander, die Zehen zeigen leicht nach außen. Die Knie sollten mit den Knöcheln ausgerichtet sein, also direkt darüber, um die Kniegelenke zu schonen. Das Körpergewicht liegt auf den Fersen, nicht auf den Zehen.

2. Jetzt gehen Sie in die Knie und bringen so die Hüfte weiter nach unten, wie wenn Sie sich auf den Stuhl setzen wollten. Das Gesäß ist nach hinten gestreckt. Sie gehen so weit nach unten, daß Hüfte und Gesäß fast den Stuhlsitz berühren.

3. Jetzt werden die Bauchmuskeln und das Gesäß angespannt, und Sie richten sich wieder auf.

4. Das Ganze wird achtmal wiederholt. Dann machen Sie eine kleine Pause und führen die Übung weitere acht Male aus.
   Variante: Sie machen die gleiche Übung, diesmal aber mit geradeaus gerichteten Zehen.

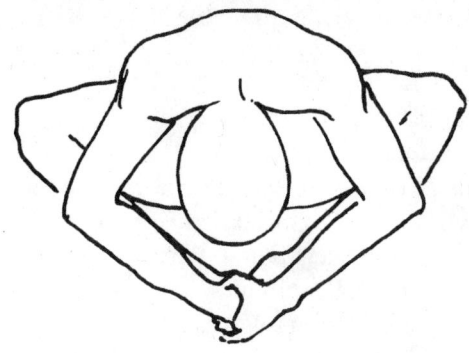

Abb. 5: Die Stern-Position hilft bei Spannungszuständen im Becken

Yoga-Stellung: die Stern-Position

1. Sie sitzen bequem auf dem Boden, die Beine sind nach vorne ausgestreckt; Ihr Atem geht gleichmäßig.
2. Dann ziehen Sie das rechte Knie Richtung Brust und bringen die Fußsohle an Ihr linkes Knie. Dieser Abstand zwischen Fuß und Körper sollte während der ganzen Übung beibehalten werden.
3. Jetzt beugen Sie auch Ihr linkes Knie und bringen die beiden Fußsohlen aneinander; die Knie fallen dabei sanft auseinander.
4. Mit den Händen umklammern Sie die Füße, ohne deren Position zu verändern.
5. Mit der nächsten Ausatmung beugen Sie sich langsam nach vorne, das Gesicht geht Richtung Füße, bis eine leichte Anspannung entsteht. Sie bleiben in dieser Dehn-Position (wie in Abbildung 5 gezeigt) und atmen in die Dehnung hinein.
6. Bleiben Sie so lange in dieser Stellung, bis sie Ihnen unbequem wird. Atmen Sie gleichmäßig weiter.
7. Dann gehen Sie langsam in die Ausgangsposition zurück und atmen dabei sanft in jede Bewegung hinein.
8. Ruhen Sie sich danach ein wenig aus.

Therapien für das

2. CHAKRA

Natur-Therapie
Entspannen Sie sich im Wasser. Sie werden spüren, wie das Wasser Sie beruhigt und den Körper hochhebt. Alle Anspannung und Negativität wird weggewaschen. Sie blicken in den Nachthimmel, sehen, wie das schimmernde Mondlicht im Wasser reflektiert wird. Der nährende Lichtstrahl des Mondes wirkt ausgleichend auf die weiblichen Energien des 2. Chakras. Wasser ist oft ein Symbol für unsere Emotionen, deshalb ist Wasser eine Möglichkeit, dieses unser emotionales Zentrum zu entspannen und zu heilen.

Klang-Therapie
Ähnlich wie das fließende Wasser in der Natur-Therapie ist fließende, harmonische Musik Entspannung für das 2. Chakra. Auch dafür gibt es im Handel zahlreiche CDs und Kassetten mit wohltuender, beruhigender Musik, in Verbindung mit dem Rauschen von Meereswellen, Wasserfällen, Regen oder fließendem Wasser – eine sehr kraftvolle Therapie-Möglichkeit für dieses Chakra.

Mit Ihrer Stimme können Sie den Vokal O chanten oder im Ton D singen.

Farb-Therapie
Klares Orange ist die Farbe, die das 2. Chakra stimuliert und energetisiert. Diese Farbe unterstützt das Loslassen alter emotionaler Muster und hebt das Selbstwertgefühl.

Aroma-Therapie
Zum Ausgleichen der Emotionen und für eine bessere Verdauung (das *Loslassen* und Freisetzen) sowie zur Streßminderung können Sie zum Beispiel Bergamotte, Vanille, Bittermandel und Sandelholz ausprobieren.

Ylang-Ylang regt die Sinnlichkeit an und ist oft ein gutes Mittel, um uns in die richtige romantische Stimmung für eine Begegnung mit dem oder der Liebsten zu versetzen.

Reflexzonen-Massage

Direkt über der Innenseite der Ferse, nicht ganz an der Fußwölbung, gibt es einen Druckpunkt für das 2. Chakra. Sanfte, gleichmäßige Massage oder Druck lösen dort blockierte Energien.

Edelsteine und Kristalle

Aventurin-Sonnenstein, Bernstein, Citrin, Gelber Calcit, Goldtopas, Karneol, Koralle, Mondstein

Transformierende Qualitäten von Edelsteinen und Kristallen

Aventurin-Sonnenstein: Unterstützt das Loslassen von Angst, Sorge und Unsicherheit; wirkt emotional beruhigend; verhilft zu einer positiven Lebenseinstellung; hilft bei der Zentrierung; verstärkt die Intuition, Einsichten, das Gefühl für unsere Individualität, Gesundheit und Wohlbefinden.

Bernstein: Positive Wirkung auf Hormone, Milz und Herz; reinigende und heilende Wirkung auf das Verdauungssystem; absorbiert negative Energie, unterstützt die Erdung, schützt sensible Menschen; vermischt und balanciert den höheren Intellekt mit Spiritualität.

Citrin: Ausgezeichneter Heilstein für Nieren, Herz, Verdauungsorgane, Dickdarm und Leber; unterstützt die Ausscheidung von Giftstoffen und Schlacken; vermindert selbstzerstörerisches Verhalten; gibt ein Gefühl der Stabilität, stärkt das Selbstwertgefühl und die Ausrichtung auf das höhere Selbst; zieht Überfluß an; unterstützt die Verbindung zur Gegenwart.

Gelber Calcit: Wirkt emotional ausgleichend und balanciert die männlich-weibliche Polarität in uns; wirkt streß-

und angstmindernd; erdet überschüssige Energie und bringt so mehr Ruhe; guter Stein in Situationen, wenn man mental fokussiert und wach sein muß.

Goldtopas: Stärkt Leber, Nervensystem und Verdauungsorgane; baut Spannungskopfschmerzen, Muskelkrämpfe und Nervosität ab; wirkt wohltuend und ausgleichend nach mentalen oder emotionalen Zusammenbrüchen; des weiteren bei extrem hoher Streßbelastung, nervöser und geistiger Erschöpfung; unterstützt das Loslassen und Annehmen von Veränderungen.

Karneol: Energetisiert das Blut, regt die Lebensenergie an; gibt physische Kraft und Stärke; unterstützt die Erdung auf der physischen Ebene und die Kommunikation mit dem höheren Selbst; stärkt die Konzentration und öffnet das Herz für Wärme und Freude.

Koralle: Wirkt auf der emotionalen Ebene stabilisierend und balancierend; unterstützt eine positivere Lebenseinstellung, verhilft zu einer neuen Perspektive; fördert den kreativen Ausdruck; macht uns sensibler für unsere Mitmenschen.

Mondstein: Wirkt heilend bei physischen Störungen von Magen, Bauchspeicheldrüse und Lymphsystem; angst- und streßmindernd; beruhigend bei emotionalem Streß oder emotionaler Überreaktion; fördert die Flexibilität und bringt die Emotionen mit dem höheren Selbst in Einklang.

Yoga-Therapie

Tantrismus, das Yoga der Sexualität, wird – sehr passend – mit dem 2. Chakra assoziiert. Die Tantras waren alte Schriften mit Anleitungen für Rituale und Kontemplation. Für das Tantra-Yoga ist lange Vorbereitung und sorgfältige Einführung in die tantrischen Praktiken erforderlich. Aufgrund seines Bezuges zur Sexualität wurden diese Praktiken in der Vergangenheit oft falsch interpretiert und mißbraucht. Und so ist es kein Wunder, daß die Rituale und Praktiken des authentischen Tantras ein wohlgehütetes Geheimnis sind.

Tantra-Yoga hat das Ziel, die mächtigen Kräfte der Sexualenergie im Zaum zu halten und so höhere Bewußtheit zu erlangen. Dazu gibt es zwei Schulen. Die eine Richtung konzentriert und konserviert die Sexualenergie durch Enthaltsamkeit und kanalisiert sie so zur Meditation und spirituellen Entwicklung. Sogar die Samenflüssigkeit wird als heilig betrachtet und darf nicht verschwendet werden.

Die zweite Richtung lehrt, daß die sexuelle Vereinigung selbst ein heiliges Mittel zum Erreichen eines höheren Bewußtseins ist. Die physische Vereinigung zwischen Mann und Frau in Liebe und Bedachtsamkeit ist so selbst ein spiritueller Weg. Der Koitus wird zum Sakrament. Tantrische Philosophie ist auch insofern einzigartig, als sie das Leben mit Begeisterung annimmt und den Tanz des Lebens in seiner Ganzheit feiert.

Empfohlene Yoga-Stellungen
Fortpflanzungsorgane: Rückendehnung, Kobra, Pflug, Schmetterling
Nieren: Kamel
Prostata: Wirbelsäulendrehung, Schmetterling, Schulterstand
Suchtverhalten: Sonnengruß, Balance-Stellung, Totenstellung

Körper- und Atemübungen
Allgemeine Übung: Bauchrolle mit Drehung
1. Sie liegen auf dem Rücken, die Beine sind hüftweit auseinander. Die Knie sind aufgestellt Richtung Decke. Spüren Sie Ihren unteren Rücken am Boden und die Unterstützung, die der Boden Ihnen gibt.
2. Nacken und Kopf werden sanft in die Hände genommen; der Nacken ist ganz entspannt. Zur Entspannung des Nackens können Sie die Zungenspitze an den oberen Gaumen direkt hinter die Schneidezähne legen; so können Sie richtig atmen und Ihre Aufmerksamkeit

auf die Bauchmuskeln konzentrieren, anstatt mit dem Nacken zu arbeiten und ihn so wieder zu verspannen.

3. Jetzt drücken Sie den unteren Rücken gegen den Boden und heben das angewinkelte rechte Knie zur Brust; dadurch wird die Bauchmuskulatur angespannt. Gleichzeitig gehen Sie mit der linken Schulter vom Boden weg; die Schulter übernimmt die Führung – nicht der Ellbogen! Bringen Sie die Schulter zum rechten Knie (also immer über Kreuz). Bei dieser Bewegung wird eingeatmet.

4. Beim Ausatmen wird das rechte Bein gestreckt. Sie drücken durch die Ferse nach vorne und bringen dabei die Schulter wieder zurück zum Boden.

5. Diese Bewegung wird acht- bis zehnmal wiederholt.

6. Jetzt wird das Ganze acht- bis zehnmal seitenverkehrt gemacht, also linkes Knie zur rechten Schulter.
Variante: Wechseln Sie die Beine ab, wie beim Fahrradfahren. Vergessen Sie dabei die Atmung nicht. Der untere Rücken bleibt als Stütze am Boden, Sie arbeiten mit den Bauchmuskeln. Eingeatmet wird beim Hochgehen, ausgeatmet beim Zurückgehen.

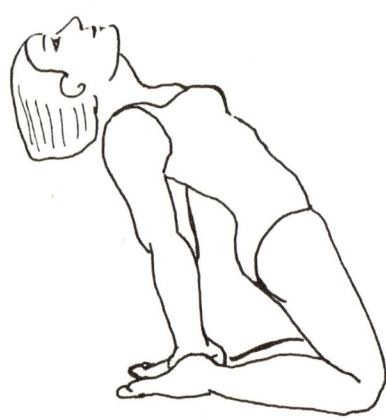

Abb. 6: Die Kamel-Stellung öffnet die Brust, stärkt den Rücken

Yoga-Stellung: Das Kamel

1. Sie knien sich mit geschlossenen Beinen auf den Boden, die Zehen schauen nach hinten.
2. Dann legen Sie die Hände in die Taille, um den unteren Rücken abzustützen, und kippen ganz vorsichtig den Kopf nach hinten.
3. Langsam und vorsichtig wird die rechte Hand jetzt auf die rechte Ferse gelegt, dann die linke Hand auf die linke Ferse – wie in Abbildung 6. Die Hüften bleiben oben.
4. Atmen Sie regelmäßig, und bleiben Sie so lange, wie es Ihnen ohne Anstrengung möglich ist, in dieser Position.
5. Dann gehen Sie langsam in die Ausgangsposition zurück.
6. Machen Sie eine Pause. Sie können sich nach vorne beugen und den Rücken dehnen.

Therapien für das

3. CHAKRA

Natur-Therapie
Für das 3. Chakra ist der strahlende goldene Sonnenschein geeignet, er wärmt und stimuliert. Gehen Sie also nach draußen! Die Sonne aktiviert und schenkt Vertrauen; sie wird als *männlicher* Energiespender betrachtet. Ein reifes Weizenfeld ist eine Manifestation des Überflusses, der für uns alle da ist: eine Kontemplation auf dem Feld, das im Sonnenlicht badet und wo der Wind durch die Halme fährt, symbolisiert die *goldenen* Möglichkeiten, die wir alle Tag für Tag haben.

Klang-Therapie
Feurige Orchestermusik bringt das 3. Chakra auf Trab, zum Beispiel Antonio Vivaldis *Vier Jahreszeiten* (f-Moll,

Opus 8, Nr. 4 – *Der Winter*). Heiter-sanfte Orchestermusik mit gleichmäßigem Tempo (insbesondere Strei-
cher) wirkt auf das 3. Chakra beruhigend und entspannend.

Farb-Therapie
Die Farbe des 3. Chakras ist klares Sonnengelb; es wärmt
und stärkt, schafft Freude und heitere Entspannung. Gelb
ist eine *glückliche* Farbe (wer kennt nicht *Smiley?*), hebt
die Laune und läßt uns optimistisch ins Leben blicken.
Mit ein bißchen Gold wird Gelb zu einer kraftvollen
Heilfarbe, die psychische Störungen lösen und klären
kann.

Aroma-Therapie
Um besser loslassen zu können, den Intellekt zu stimulieren sowie geistige und körperliche Erschöpfung zu be-
handeln, sind unter anderem Zitrone, Akazie, Lavendel,
Rosmarin und Bergamotte empfehlenswert. Sie stimulieren und balancieren die Energien des 3. Chakras.

Reflexzonen-Massage
Genau in der Mitte der Fußsohle, an der Wölbung, ist
der Druckpunkt für das 3. Chakra. Gleichmäßige,
sanfte Druckmassage an diesem Punkt stärkt und löst
Blockaden im 3. Chakra und den damit verbundenen
Organen.

Edelsteine und Kristalle
Aquamarin, Bernstein, Citrin, Gelber Calcit, Gold, Gold-
topas, Karneol, Malachit, Peridot, Pyrit, Rauchquarz,
Smaragd, Tigerauge

Transformierende Qualitäten von
Edelsteinen und Kristallen
Aquamarin: Wirkt beruhigend bei nervösen Spannungen,
löst Flüssigkeitsspeicher und unterstützt die Verdauung;

erhöht die Klarheit und den kreativen Selbstausdruck; verscheucht Angst und Furcht; lindert und beruhigt; wunderbarer Meditationsstein; bringt Ausgeglichenheit auf allen Ebenen: physisch, emotional und mental.

Bernstein: Positive Wirkung auf Hormone, Milz und Herz; reinigende und heilende Wirkung auf das Verdauungssystem; absorbiert negative Energie, unterstützt die Erdung, schützt sensible Menschen; vermischt und balanciert den höheren Intellekt mit Spiritualität.

Citrin: Ausgezeichneter Heilstein für Nieren, Herz, Verdauungsorgane, Dickdarm und Leber; unterstützt die Ausscheidung von Giftstoffen und Schlacken; vermindert selbstzerstörerisches Verhalten; gibt ein Gefühl der Stabilität, stärkt das Selbstwertgefühl und die Ausrichtung auf das höhere Selbst; zieht Überfluß an; unterstützt die Verbindung zur Gegenwart.

Gelber Calcit: Wirkt emotional ausgleichend und balanciert die männlich-weibliche Polarität in uns; wirkt streß- und angstmindernd; erdet überschüssige Energie und bringt so mehr Ruhe; guter Stein in Situationen, wenn man mental fokussiert und wach sein muß.

Gold: Reinigt und verjüngt den physischen Körper; bessert Blutkreislauf und Nervensystem; balanciert und öffnet das Herz-Chakra; stimuliert die Geweberegenerierung; ist *Magnet* für positive Energie; erhöht die innere Bewußtheit.

Goldtopas: Stärkt Leber, Nervensystem und Verdauungsorgane; baut Spannungskopfschmerzen, Muskelkrämpfe und Nervosität ab; wirkt wohltuend und ausgleichend nach mentalen oder emotionalen Zusammenbrüchen; des weiteren bei extrem hoher Streßbelastung, nervöser und geistiger Erschöpfung; unterstützt das Loslassen und Annehmen von Veränderungen.

Karneol: Energetisiert das Blut, regt die Lebensenergie an; gibt physische Kraft und Stärke; unterstützt die Erdung auf der physischen Ebene und die Kommunikation mit dem höheren Selbst; stärkt die Konzentration und öffnet das Herz für Wärme und Freude.

Malachit: Stärkt Herz und Kreislauf; unterstützt die Gewichtsabnahme, reduziert Streß und Spannungen; stimuliert die Geweberegeneration; energetisiert Körper und Geist; bringt unbewußte Blockaden ins Bewußtsein; wirkt auf allen Ebenen ausgleichend: physisch, mental, emotional.

Peridot: Stärkt die Gesundheit von Herz, Nebennieren, Bauchspeicheldrüse und Leber; reinigt den Körper; erhöht die Intuition; mildert Spannungen; beruhigt bei Lampenfieber oder Versagensängsten; beschleunigt persönliches Wachstum, stimuliert geistige Fähigkeiten und öffnet Herz und Verstand für neue Möglichkeiten; lindert und löst alte Verletzungen und Groll.

Pyrit: Verdauungsfördernd; verbessert die Sauerstoffzirkulation; positiver Einfluß auf unsere Lebenseinstellung; verstärkt das emotionale Wohlbefinden und die Selbstbeherrschung; unterstützt harmonisches Zusammenarbeiten, da die persönliche Schwingung sich auf andere besser einstellen kann.

Rauchquarz: Balanciert die Sexualenergie; mindert Depressionen; löst Blockaden und Negativität auf allen Ebenen; läßt uns Träume besser erinnern; macht offen für Channeling; unterstützt Erdung und Zentrierung.

Smaragd: Stärkt Immun- und Nervensystem, Herz, Leber und Nieren; stärkt das Erinnerungsvermögen für Informationen aus Träumen und aus der Meditation für tiefere spirituelle und persönliche Einsicht; stärkt das Gedächtnis, Hellsichtigkeit, Weisheit und Intellekt; symbolisiert unser spirituelles Potential; verstärkt den kreativen Ausdruck, Liebe, Ausgeglichenheit und Geduld.

Tigerauge: Hilft bei Störungen der Verdauungsorgane, Dickdarm, Milz oder Bauchspeicheldrüse; erhöht Bewußtheit für unser höheres Potential und unsere Entscheidungsfreiheit; fördert klare, objektive Einsichten; stärkt das Selbstvertrauen und unsere Neutralität; unterstützt Erdung und innere Zentrierung.

Yoga-Therapie

Dem 3. Chakra, unserem *Kraftzentrum* ist das Karma-Yoga, das *Yoga der guten Tat*, zugeordnet. *Karma* bedeutet Aktion oder Tat, eine bestimmte Art von überlegtem Tun aus dem Nicht-Verhaftetsein heraus, ein selbstloses Dienen ohne den Wunsch nach persönlichen Vorteilen oder Anerkennung. Durch die Praxis des Karma-Yoga öffnen wir uns für unseren höheren Sinn und handeln auch entsprechend.

Wer Karma-Yoga praktiziert, agiert mit Weisheit und Liebe. Egal ob wir Toiletten putzen oder als Gehirnchirurg arbeiten, beides ist ebenbürtig, wenn es mit der richtigen Einstellung von Mitgefühl, Leidenschaft, Liebe und Hingabe an Gott und die Menschheit im Hier und Jetzt verrichtet wird. Wenn Sie eine bevorstehende Aufgabe – mit Hingabe und ohne eine Belohnung zu erwarten – erfüllen, praktizieren Sie dieses Yoga.

Empfohlene Yoga-Stellungen

Magen: Berg, Totenstellung, Baum

Verdauungsstörungen: Kobra, Wirbelsäulendrehung, Totenstellung

Anorexie: Totenstellung, Rückendehnung, Kobra, Wirbelsäulendrehung

Körper- und Atemübungen

Allgemeine Übung: Oberbauch-Rolle

1. Sie liegen am Boden, die Beine stehen hüftweit, mit angewinkelten Knien auseinander. Sie heben nun die Beine vom Boden weg, beugen die Knie in einem 90°-Winkel und verkreuzen die Knöchel. Spüren Sie Ihren unteren Rücken am Boden; der Boden trägt Sie. Dies ist die Ausgangsposition.

2. Die Arme werden vor der Brust verschränkt. Sie drücken Ihr Kinn auf die Brust, als ob Sie dort zum Beispiel eine Orange festhalten müßten.

3. Nun atmen Sie aus, zählen bis zwei und heben dann langsam die Schulterblätter vom Boden, der untere Rücken wird dabei gegen den Boden gedrückt. Die Schultern sind nur ein paar Zentimeter vom Boden weg. Beim Hochheben stellen Sie sich vor, daß Ihr Nabel nach hinten gegen Ihre Wirbelsäule und in den Boden drückt; so werden die Bauchmuskeln isoliert.

4. Sie zählen bis zwei und bleiben dabei in dieser Stellung, dann atmen Sie langsam bis zwei aus und bringen die Schulterblätter wieder zum Boden zurück.

5. Und nun das Ganze noch einmal: hoch und bis zwei zählen, halten bis zwei, zurück bis zwei. Beim Hochgehen wird ausgeatmet, beim Ablegen eingeatmet.

6. Das Ganze achtmal wiederholen.

Variante: Durch eine andere Armposition wird der Schwierigkeitsgrad dieser Übung verändert. Sie können die Hände auf die Oberschenkel legen und beim Hochgehen die Schenkel hochrutschen. Oder Sie bringen die Hände hinter den Kopf und wiegen beim Hochgehen sanft den Nacken.

Abb. 7: Die Wirbelsäulendrehung lindert Verdauungsprobleme

Yoga-Stellung: die Wirbelsäulendrehung

1. Sie sitzen bequem aber aufrecht auf dem Boden, die Beine sind ausgestreckt. Atmen Sie regelmäßig.
2. Dann wird das rechte Bein am Knie angewinkelt und der rechte Fuß an die Außenkante des linken Knies gebracht (wie in Abb. 7). Atmen Sie weiter.
3. Beim Ausatmen drehen Sie den Oberkörper langsam und geschmeidig nach rechts und legen beide Hände rechts neben sich auf den Boden. Dann wenden Sie auch den Kopf und schauen über die rechte Schulter.
4. Sie atmen weiterhin gleichmäßig und bleiben so lange wie möglich in dieser Stellung.
5. Dann gehen Sie langsam zur Mitte zurück in die Ausgangsposition.
6. Die Schritte 2 bis 5 werden dann in die andere Richtung wiederholt.

Therapien für das

4. CHAKRA

Natur-Therapie
Gehen Sie auf dem Land spazieren, die welligen Hügel sind üppig und grün nach einem Regenschauer. Atmen Sie den Reichtum des wachsenden Grüns ein, spüren Sie seine heilenden Energien, die Ihr Herz öffnen. Dann spazieren Sie weiter und nehmen die schönen rosafarbenen Blumen an den Hängen wahr, die Hoffnung und Optimismus verströmen. Der Himmel über Ihnen ist vielleicht auch rosa angehaucht mit spinnwebenfeinen Wölkchen. Das Wunder der Natur füllt Ihr Herz-Chakra mit Hoffnung, Zuneigung und Heilung.

Klang-Therapie
Musik, die das Herz berührt, wirkt entspannend und öffnend auf das Herz-Chakra. Das kann klassische oder

New-Age-Musik sein, oder geistliche Musik aus der
westlichen oder der östlichen Kultur. Lassen Sie die
Wärme dieser Musik in Ihr Herz. Die Klangwahrneh-
mung ist etwas sehr Subjektives: Vertrauen Sie darauf,
daß Ihr Herz und Ihr Instinkt weiß, welche Musik richtig
für Sie ist.

Hören sie Ihre eigene Stimme: Chanten Sie den Vokal
A oder singen Sie ihn als Ton F.

Farb-Therapie
Grün regeneriert das Herz-Chakra, bringt neues Wachstum, inneren Frieden und Gelassenheit. Auch Rosa findet Verwendung, es hat eine sanfte, zärtliche Schwingung, mit der Spannungen im Herzen gelöst werden
können. Rosa bringt Gefühle der Liebe und Zärtlichkeit
und führt uns zurück zu kindlichem Staunen, Unschuld
und Glück.

Aroma-Therapie
Mit einem offenen Herzen kann echte Heilung stattfinden. Folgende Düfte können Heilung, Harmonie und
Ausgeglichenheit fördern, das ganze System reinigen und
beruhigen und die Vitalität stärken: Minze, Salbei, Mo-
schus, Tuberose, Ingwer und Rose.

Reflexzonen-Massage
Der Punkt für das Herz-Chakra befindet sich direkt auf
dem Fußballen. Massieren Sie sanft in kreisförmigen Bewegungen, um Energie-Blockaden zu lösen.

Edelsteine und Kristalle
Chrysopras, Grüner Aventurin, Grüner Turmalin, Jade,
Karneol, Kunzit, Malachit, Rhodochrosit, Rhodonit,
Rosa Turmalin, Rosa-grüner Turmalin, Rosenquarz, Ru-
bin, Smaragd

Transformierende Qualitäten von
Edelsteinen und Kristallen

Chrysopras: Dämpft irrationale, kompulsive Verhaltensmuster, schafft Erleichterung bei Depressionen, wirkt
ausgleichend bei sexuellen Störungen; fördert Harmonie,
Leidenschaft und bedingungslose Liebe; heilt auf allen
Ebenen: physisch, emotional und geistig; verhilft zu mehr
Klarheit und Einsicht in persönliche Probleme; bringt innere Talente und Fähigkeiten ans Licht.

Grüner Aventurin: Löst Ängste, Sorge und Unsicherheit;
führt zu emotionaler Ruhe und einer positiven Lebenseinstellung; unterstützt die Zentrierung; verstärkt Intuition, Einsichten und das Gefühl der Individualität; führt
zu guter Gesundheit und Wohlbefinden.

Grüner Turmalin: Unterstützt den gesunden, ausgewoge-
nen Ausdruck von Liebe und Mitgefühl; hilft emotionalen Schmerz und Unsicherheit loszulassen; entzieht dem
Körper Giftstoffe und zieht neue, verjüngende Energie
an; lindernde, ausgleichende und erneuernde Eigenschaften in emotionalen Übergangszeiten, bei Erschöpfung
oder Streß; fördert Akzeptanz, Gelassenheit, Überfluß
und Wohlstand.

Jade: Reinigt das Blutsystem, behebt Verdauungsstörungen; verlängert die Lebensspanne, erhöht Produktivität
und Kreativität; fördert das Unterscheidungsvermögen,
Demut, Mut, Gerechtigkeitssinn und Weisheit; vertreibt
Negativität und bringt Frieden, Gelassenheit und nährende
Energie; bei Schlaflosigkeit und Nervosität sorgt Jade auch
für friedvollen Schlaf und angenehme Träume.

Karneol: Energetisiert das Blut, regt die Lebensenergie
an; gibt physische Kraft und Stärke; unterstützt die Erdung auf der physischen Ebene und die Kommunikation
mit dem höheren Selbst; stärkt die Konzentration und
öffnet das Herz für Wärme und Freude.

Kunzit: Hilft durch seinen hohen Gehalt an beruhigen-
dem und ausgleichendem Lithium vor allem bei Suchtverhalten und manischer Depression; erhöht die Emp-

fänglichkeit, öffnet das Herz-Chakra für die göttliche Liebe und unterstützt die Hingabe an eine höhere Macht.

Malachit: Stärkt Herz und Kreislauf; unterstützt die Gewichtsabnahme, reduziert Streß und Spannungen; stimuliert die Geweberegeneration; energetisiert Körper und Geist; bringt unbewußte Blockaden ins Bewußtsein; wirkt auf allen Ebenen ausgleichend: physisch, mental, emotional.

Rhodochrosit: Erhöht Bewußtheit und geistige Schärfe; verhilft zu mehr Ausgeglichenheit bei emotionalen und physischen Krisen; heilt emotionale Verletzungen und ist eine Art Brücke zwischen den unteren Chakren und dem liebevollen Ausdruck des Herzens; hilft uns, uns selbst zu lieben und auch für andere mehr Liebe und Mitgefühl zu empfinden.

Rhodonit: Wirkt beruhigend in Zeiten des Schmerzes; baut physische Energie wieder auf und erhöht unser Selbstwertgefühl; harmonisiert das Wurzel-Chakra mit dem Herz-Chakra, so daß sich die göttliche Liebe auf der Erde manifestieren kann; ausschließlich der rosafarbene Rhodonit vertieft das Verständnis dafür, daß Verletzlichkeit kein Zeichen von Schwäche, sondern eigentlich ein Zeichen großer Stärke ist.

Rosa Turmalin: Hilft uns, den Herausforderungen des Lebens gewachsen zu sein und sie mit Mut, Optimismus, Anstand und Unbefangenheit anzugehen; unterstützt das Loslassen von Kummer, Schuld- und Angstgefühlen; führt dazu, daß wir aus Mitgefühl, mit Hingabe und im **Dienst am Nächsten handeln; stärkt die Kreativität.**

Rosa-grüner Turmalin: Balanciert Extreme miteinander und bringt die widersprüchlichen Energien in Harmonie; zum Beispiel die männlich-weibliche Polarität in uns und in unseren Beziehungen; hilft alte emotionale Verletzungen loszulassen, so daß neue, gesunde Liebe Einzug halten kann.

Rosenquarz: Fördert Sanftheit, Zärtlichkeit und Liebe; lehrt uns, uns selbst anzunehmen und zu lieben und öffnet das Herz für jeglichen Ausdruck von Liebe und Zärtlich-

keit; Rosenquarz ist der *Liebesstein* für alle Herzensange-
legenheit: Liebe, Zuneigung, Mitgefühl und Freundlichkeit; lindert sexuelle und emotionale Unausgeglichenheit;
löst aufgestaute Wut und Groll, Schuld- und Angstgefühle
sowie Eifersucht; hilft uns, mit Mitgefühl und Liebe zu
verzeihen und zu akzeptieren; mindert Streß und Anspannung; wirkt kühlend auf *Hitzköpfe.*

Rubin: Intensiviert Gefühle der Liebe und des Mitgefühls;
stimuliert den Sexualtrieb; der Stein für Mut, Rechtschaf-
fenheit, Dienst an anderen, spirituellen Fokus, Macht und
Führungsqualitäten; regeneriert das physische Herz; energetisiert das Blut und das gesamte Energiesystem.

Smaragd: Stärkt das Immun- und Nervensystem sowie
Herz, Leber und Nieren; stärkt das Erinnerungsvermögen
für Traum- und Meditationsinhalte, die zu einer tieferen
spirituellen und persönlichen Einsicht führen; stärkt das
Gedächtnis, Hellsichtigkeit, Weisheit und Intellekt; symbolisiert unser spirituelles Potential; verstärkt den kreativen Ausdruck, Liebe, Ausgeglichenheit und Geduld.

Yoga-Therapie
Das Yoga des 4. Chakras ist das Bhakti-Yoga, das *Yoga
der Hingabe.* Diese Praxis hilft bei der Auflösung des
Egos, so daß wir unser wahres Selbst finden. Es ist mit
seinen Mantras eine eher meditative Form des Yogas.
Bhakti-Yoga reinigt das Bewußtsein; die Flamme der
Bhakti-Liebe verbrennt spirituell nicht wünschenswerte
und unreine Eigenschaften wie Haß, Wut, Gier, Stolz und
andere destruktive Emotionen.

In Indien wird Bhakti-Yoga besonders geschätzt. Es
erfordert Einfachheit des Herzens, Bereitschaft und un-
erschütterliche Hingabe. Bhakti-Yoga macht uns offen
für den Willen des Herzens, seine Führung und Weisheit.

Empfohlene Yoga-Stellungen
Asthma: Berg, Totenstellung, Lotussitz, Bogen
Bronchitis: Kobra, Berg, Fisch, Schulterstand

Herzkrankheiten: Totenstellung, Berg, Reinigungsatmung
Bluthochdruck: Totenstellung, Reinigungsatmung

Körper- und Atemübungen
Allgemeine Übung: Schulterrollen

1. Sie stehen aufrecht, die Füße sind schulterweit auseinander, die Knie leicht gebeugt. Ziehen Sie die Bauchmuskeln ein, die Hüften sind leicht nach unten gezogen.
2. Die rechte Schulter führt an. Sie atmen ein, ziehen dabei die rechte Schulter in einer Kreisbewegung hoch zu den Ohren und kreisend nach hinten zum Rücken, dann nach unten und wieder nach vorne, alles mit einem Atemzug.
3. Beim Ausatmen machen Sie das gleiche mit der linken Schulter.
4. Wiederholen Sie dies in fließenden Bewegungen. Beim Einatmen ist die rechte Schulter an der Reihe, der Sauerstoff lädt den Körper auf; beim Ausatmen rollen Sie die linke Schulter und atmen Giftstoffe, Verspannungen und Negativität mit aus.
5. Kommen Sie beim Kreisen in einen gleichmäßigen Rhythmus. Dann führen Sie mit den Ellbogen statt mit den Schultern, und zwar weitere 20 bis 30 Sekunden.
6. Nun wird die Bewegung von den Händen angeführt, wie beim Rückenschwimmen. Wieder wird rechts ein- und links ausgeatmet. Machen Sie damit ein bis zwei Minuten weiter.
   Bei dieser Übung wird der Herzschlag angekurbelt und Verspannungen über die Schultern und den Rücken gelöst. Damit kann das Herz sich öffnen.
   Variante: Rollen Sie nach vorne, bis Sie schließlich mit dem ganzen Arm die Bewegung ausführen.

Yoga-Stellung: Die Kobra

1. Sie liegen auf dem Bauch, der Kopf ist zur Seite gedreht. Die Arme und Hände liegen entspannt neben dem Körper. Der Atem geht regelmäßig.

2. Jetzt drehen Sie den Kopf nach vorne und legen die Stirn auf den Boden. Die Hände werden direkt neben den Schultern auf den Boden gelegt. Die Arme sind dabei eng am Körper.

3. Beim Einatmen heben Sie den Oberkörper langsam und vorsichtig hoch und beugen ihn in einer einzigen geschmeidigen Bewegung nach hinten. Sie atmen gleichmäßig und beugen die Wirbelsäule noch weiter nach hinten; die Hüften bleiben am Boden.

4. Biegen Sie den Rücken soweit zurück, wie dies ohne große Anstrengung möglich ist (bitte nichts erzwingen!) und bleiben Sie in dieser Stellung. Vergessen Sie dabei das Atmen nicht!

5. Dann gehen Sie sehr langsam und kontrolliert zurück zum Boden: zuerst der Bauch, dann der Brustkorb, das Kinn, die Nase, die Stirn. Ihr Atem ist auf die Bewegungen abgestimmt.

6. Arme und Hände werden entspannt neben den Körper gelegt. Drehen Sie den Kopf wieder zur Seite und entspannen Sie sich.

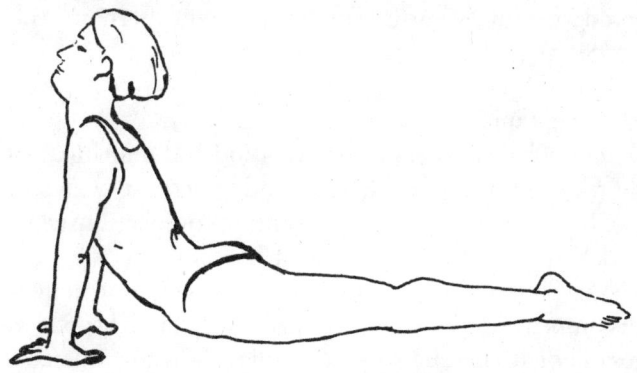

Abb. 8: Die Kobra-Stellung öffnet Hals und Brust

Therapien für das

5. CHAKRA

Natur-Therapie

Gehen Sie draußen spazieren und nehmen Sie die hell-
blaue, transparente Farbe des wolkenlosen Himmels
wahr, seine Offenheit und Vollkommenheit. Dann betrachten Sie ein nahegelegenes Wasser und sehen, wie
sich der blaue Himmel in dem kristallklaren, ruhigen
Wasser spiegelt. Spüren sie den Frieden und die Schönheit. Falls Sie am Strand sind, betrachten Sie die heran-
rollenden Wellen des Meeres, öffnen sich der Kraft und
Wahrheit, die Sie ausdrücken können – ehrlich und klar.

Klang-Therapie

New-Age-Musik mit Echo-Effekten unterstützt das
Klären und Vergrößern des 5. Chakras. Musik und Lie-
der mit vielen hohen Tönen stimulieren und reinigen dieses Energiezentrum und auch die Kanäle der *Hellhörigkeit*, die den Hals mit den Ohren verbinden; so werden
Sie offen und können die Wahrheit hören und aussprechen.

Chanten Sie den Vokal E: dabei beginnen Sie mit A und
wandern zum I – das E liegt dazwischen. Alternativ können Sie auch den Ton G anstimmen.

Farb-Therapie

Dem 5. Chakra ist ein klares Hell- oder Himmelblau zugeordnet. Diese Farbe beruhigt und lindert; sie weitet das
5. Chakra und macht Sie offen für spirituelle Einsichten
und Wahrheiten. Ich habe auch helles Türkis als Farbe
des 5. Chakras erlebt: der blaue Himmel (Spiritualität)
zusammen mit dem Grün der Erde. Es gibt nichts Richtiges oder Falsches; betrachten Sie diese Informationen einfach als Richtlinien, und machen Sie Ihre eigenen Erfahrungen.

Aroma-Therapie

Folgende Essenzen sind für die Reinigung des 5. Chakras geeignet: Eukalyptus, Myrrhe, Flieder, Salbei und Orangenblüten.

Reflexzonen-Massage

Der Druckpunkt für das 5. Chakra liegt am Punkt, wo der große Zeh am Fußballen ansetzt. Massieren Sie diese Stelle sanft und mit gleichmäßigem Druck, um Blockaden zu lösen.

Edelsteine und Kristalle

Aquamarin, Azurit, Bandachat, Blauer Topas, Chrysokoll, Kyanit, Lapislazuli, Saphir, Sodalithh, Türkis, Weißblauer Chalcedon

Transformierende Qualitäten von Edelsteinen und Kristallen

Aquamarin: Wirkt beruhigend bei nervösen Spannungen, löst Flüssigkeitsspeicher und unterstützt die Verdauung; erhöht die Klarheit und den kreativen Selbstausdruck; verscheucht Angst und Unruhe; lindert und beruhigt; wunderbarer Meditationsstein; bringt Ausgeglichenheit auf allen Ebenen: physisch, emotional und mental.

Azurit: Verbessert die Sauerstoffnutzung im Körper, beseitigt negative Geisteszustände, wirkt streß- und angstmindernd; mildert Depressionen; öffnet die Tür für persönliche Transformation und bereitet so auf eine friedliche Meditation vor; verbessert die Kommunikation mit uns selbst und anderen; löst Illusionen auf; erhöht die psychische Wahrnehmung.

Bandachat: Unterstützt eine sanfte Öffnung und Erweiterung der Wahrnehmung; introvertierten Menschen hilft der Stein herauszukommen und sich in Gesellschaft anderer wohler und mehr in Verbindung zu fühlen; verstärkt Kreativität sowie spontanen, selbstbewußten Ausdruck; beruhigt den Geist und die Emotionen und unterstützt klare Kommunikation durch mehr Weisheit, Geduld, Freundlichkeit und Ehrlichkeit; mildert die Auswirkungen von Depressionen, Hoffnungslosigkeit, Rigidität und emotionalem Schock.

Blauer Topas: Stärkt die Schilddrüse und kurbelt den Stoffwechsel an; erhöht geistige Klarheit und fördert Heilung auf der emotionalen Ebene; kühlt und lindert den Hals; fördert Kreativität und ehrlichen Selbstausdruck; verstärkt die Intuition und fördert eine klarere Kommunikation mit dem höheren Selbst.

Chrysokoll: Wirkt vorbeugend gegen Geschwüre; mildert Verdauungsprobleme und Arthritis-Symptome; stärkt körperliches Durchhaltevermögen und stimuliert geistige Fähigkeiten; mindert Schuld- und Angstgefühle sowie Verspannungen; löst unbewußte Energie-Blockaden; erweckt die weiblichen Energien; erweitert das Hals-Chakra; unterstützt kreativen Ausdruck, persönliche Kraft, klare Kommunikation und emotionale Stabilität.

Kyanit: Erneuert und stabilisiert das Hals-Chakra; erleichtert kreativen Ausdruck und ehrliche Kommunikation; erleichtert außerkörperliche Erfahrungen (astrales oder interdimensionales Reisen).

Lapislazuli: Mindert Verspannungen und Angst; revitalisiert und öffnet das Hals-Chakra; bringt Stärke und Vitalität; fördert geistige Wahrnehmung und einen klaren Kopf; verstärkt psychische Fähigkeiten und die Kommunikation mit dem höheren Selbst.

Saphir: Integriert Körper, Geist und Verstand; erleichtert klare, einfache Kommunikation; verstärkt psychische Fähigkeiten, kreativen Ausdruck und die Verbindung mit dem höheren Selbst; stärkt die Willenskraft; erweitert kosmische Wahrnehmung; löst geistige Verwirrung, nervöse Angst und andere negative geistige Zustände; mildert Asthmasymptome und andere Störungen des Halsbereiches.

Sodalith: Bringt männliche und weibliche Energien ins Gleichgewicht; macht den Geist ruhig und klar und löst geistige Verwirrung; wirkt beruhigend und unterstützt die Erdung; löst Illusionen auf, bringt Klarheit und Wahrheit ans Licht; verstärkt die Kommunikation und den kreativen Ausdruck; ähnliche Eigenschaften wie Lapislazuli.

Türkis: Vitalisiert und stärkt den ganzen Körper; unterstützt Kreislauf, Lungen, Nervensystem und Atmungsorgane; intensiviert die Meditation und den kreativen Ausdruck, fördert Ruhe, emotionales Gleichgewicht und klare Kommunikation; zieht positive Energien an und schützt vor negativen Einflüssen; vermischt den höheren geistigen Sinn mit der Urkraft der Lebensenergie unseres Planeten (blauer Himmel in Kombination mit dem Grün der Erde); **zieht Überfluß und Wohlstand an.**

Weiß-blauer Chalcedon: Chalcedon wirkt positiv auf die Schilddrüse; beruhigende und ausgleichende Wirkung auf den Geist; mindert Gereiztheit und Überempfindlichkeit; öffnet uns für innere Inspiration und stimuliert den kreativen Selbstausdruck durch Sprache und Schrift.

Yoga-Therapie

Dem 5. Chakra wird das Mantra-Yoga zugeordnet. Ein Mantra ist eine Art Beschwörung oder *Zauberspruch* – ein mystischer Klang, der wiederholt gesprochen wird und so zu einer Art Meditation wird. Ein Mantra kann laut ausgesprochen oder nur innerlich *gedacht* werden. Man kann ein Mantra Hunderte, ja Tausende Male wiederholen. Das Aufsagen von Mantras wurde durch die Lehren des Gurus Maharishi Mahesh Yogi, dem Begründer der Transzendentalen Meditation (TM) im Westen bekannt; TM ist eine eingeschränkte Form des Mantra-Yogas. Mantras sollten mit lebendiger, resonanter Stimme ausgesprochen werden, nicht mechanisch-stumpf. Mantra-Yoga will durch die Kraft der Klangschwingungen unterschiedliche Zustände bewußter Wahrnehmung beeinflussen.

Nach dem Chanten des Mantras konzentriert man sich auf die inneren Klänge, bis man in einen erhöhten Bewußtseinszustand kommt. Das bekannteste und stärkste Mantra ist *Aum* – es wird *Om* ausgesprochen.

Empfohlene Yoga-Stellungen
Schilddrüse: Totenstellung, Demutshaltung, Wirbelsäulendrehung, Sonnengruß
Depressionen: Sonnengruß, Totenstellung, Kobra, Wirbelsäulendrehung
Hals: Löwe
Temporo-mandibuläre Gelenkprobleme (Schläfenbein/ Unterkiefer): Löwe, Totenstellung, Reinigungsatmung

Körper- und Atemübungen
Allgemeine Übung: Schultern hochziehen
Sie stehen oder sitzen aufrecht; Brust nach vorne, die Schultern sind entspannt:
1. Sie atmen ein und ziehen die Schultern hoch zu den Ohren.
2. Der Atem wird ein paar Sekunden angehalten, dann werden beim Ausatmen die Schultern wieder nach unten in die Ausgangsposition gebracht.
3. Das Ganze wird fünfmal wiederholt.
4. Nun bringen Sie sanft und vorsichtig das rechte Ohr nach unten zur rechten Schulter.
5. Sie bleiben in dieser Stellung 15 bis 30 Sekunden und atmen dabei gleichmäßig weiter.
6. Dann machen Sie das gleiche mit der linken Seite.
7. Jetzt wird das Kinn zur Brust gebracht; auch diese Stellung wird 15 bis 30 Sekunden beibehalten; dabei wird die Rückseite des Nackens und der obere Rücken sanft gedehnt. Atmen Sie gleichmäßig weiter.
8. Schließlich bringen Sie den Kopf wieder in die Ausgangsposition und entspannen sich.
9. Die Schritte 1 bis 8 werden noch einmal ausgeführt.

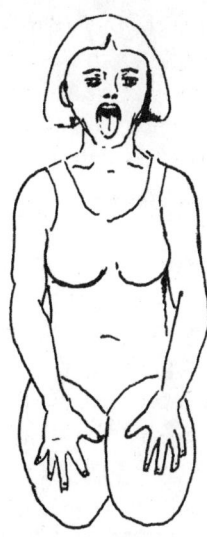

Abb. 9: Der Löwe – eine wirkungsvolle Übung für den Hals

Yoga-Stellung: Der Löwe
Sie sitzen bequem, so wie Sie gerne möchten.
1. Atmen Sie langsam und tief ein.
2. Dann öffnen Sie die Augen und den Mund so weit wie möglich und atmen aus.
3. Langsam strecken Sie nun die Zunge so weit heraus, wie das ohne zu große Anstrengung möglich ist (vergleiche Abb. 9).
4. Diese Stellung behalten Sie während der ganzen Ausatmung bei; danach werden Zunge und Gesichtsmuskulatur entspannt.
5. Atmen Sie weiter und stellen Sie sich vor, wie alle Anspannung aus Gesicht und Hals weicht.

Therapien für das

6. CHAKRA

Natur-Therapie

Suchen Sie sich einen Platz, wo die Lichter der Stadt den Blick zu den Sternen nicht beeinträchtigen. In den Bergen, wo Sie dem Himmel und den Sternen näher sind, wäre es noch besser. Jetzt betrachten Sie einfach den tiefblauen Sternenhimmel; die Magie und Weite der Sterne erinnert Sie an Ihr unbegrenztes Potential; öffnen Sie sich der Einsicht und den Träumen, mit denen Sie nach den Sternen greifen.

Klang-Therapie

Zum Öffnen des 6. Chakras können Sie New-Age-Musik oder klassische Musik hören, speziell Bach und Mozart. Es gibt anscheinend Studien, in denen nachgewiesen wurde, daß Menschen, die Mozart hören, ihren Intelligenzquotienten erheblich steigern konnten. Ich weiß nicht, ob das wirklich stimmt, aber es ist eine Überlegung wert.

Setzen Sie Ihre Stimme ein: Chanten Sie den Vokal I oder singen Sie ihn als Ton A.

Farb-Therapie

Durchscheinendes Indigoblau ist die Farbe des 6. Chakras; es öffnet und reinigt dieses Energiezentrum. Außerdem werden mit den unterschiedlichen Funktionen des 6. Chakras noch weitere Farben verbunden: Gelb steht für höheres intellektuelles Denken, klares Dunkelblau für Intuition und ganzheitliches Wissen und Violett symbolisiert außersinnliche Fähigkeiten.

Aroma-Therapie

Probieren Sie zum Reinigen und Klären des 6. Chakras folgende Düfte: Lavendel, Gardenie, Minze, Rosmarin und Jasmin. Sie aktivieren die Sinne und helfen Ihnen,

Dinge einmal aus einer anderen Sicht zu sehen und klar zu erkennen, was um Sie herum passiert.

Reflexzonen-Massage
Der Druckpunkt für das Dritte Auge liegt in dem fleischigen Hügel in der Mitte des großen Zehs. Sanfter Druck in kreisförmigen Bewegungen löst blockierte Energie in diesem Zentrum.

Edelsteine und Kristalle
Amethyst, Ametrin, Azurit, Bergkristall, Blauer Topas, Blauer Turmalin, Kyanit, Lapislazuli, Saphir, Sodalith, Sugilith

Transformierende Qualitäten von Edelsteinen und Kristallen

Amethyst: Energetisiert und reinigt das Blut; mindert geistige Verwirrung; reinigt und erneuert auf allen Bewußtseinsebenen; löst Illusionen auf, verstärkt die Intuition; fördert tiefe Meditation und Transformation; schützt vor negativen Einflüssen; verstärkt die Fähigkeit zu heilen und die göttliche Liebe zu erfahren.

Ametrin: Um Zugang zur höheren Weisheit durch die Meditation zu erhalten; nutzt die höhere Information auf der Erdebene zum Grounding; bringt mehr Stabilität und Harmonie ins Leben; mildert Kopfschmerzen und Depressionen; vereint in sich die Qualitäten von Amethyst und Citrin.

Azurit: Verbessert die Sauerstoffnutzung im Körper, beseitigt negative Geisteszustände, wirkt streß- und angstmindernd; mildert Depressionen; öffnet die Tür für persönliche Transformation und bereitet so auf eine friedliche Meditation vor; verbessert die Kommunikation mit uns selbst und anderen; löst Illusionen auf; erhöht die psychische Wahrnehmung.

Bergkristall: Verstärkt das Aurafeld; erweckt alle Bewußtseinsebenen; vertreibt Negativität im Energiefeld und in der Umgebung; für die Meditation geeignet, um die Kommunikation mit dem höheren Selbst zu stärken: Bergkristall empfängt, speichert, sendet und verstärkt Energie.

Blauer Topas: Stärkt die Schilddrüse und kurbelt den Stoffwechsel an; erhöht geistige Klarheit und fördert Heilung auf der emotionalen Ebene; kühlt und lindert den Hals; fördert Kreativität und ehrlichen Selbstausdruck; verstärkt die Intuition und fördert eine klarere Kommunikation mit dem höheren Selbst.

Blauer Turmalin: Verhilft zu durchdringenden Einsichten und befähigt, seine Energien und persönliche Kraft wieder für sich zu beanspruchen und zu vereinen; unterstützt das Loslassen von Angst und Hemmungen; verbessert unsere Fähigkeit, auf die höhere Weisheit zu hören und die Wahrheit hinter den Illusionen zu erkennen; bringt mehr Geduld, Gelassenheit, Intuition und Selbstvertrauen.

Kyanit: Erneuert und stabilisiert das Hals-Chakra; erleichtert kreativen Ausdruck und ehrliche Kommunikation; erleichtert außerkörperliche Erfahrungen (astrales oder interdimensionales Reisen).

Lapislazuli: Mindert Verspannungen und Angst; revitalisiert und öffnet das Hals-Chakra; bringt Stärke und Vitalität; fördert geistige Wahrnehmung und einen klaren Kopf; verstärkt psychische Fähigkeiten und die Kommunikation mit dem höheren Selbst.

Saphir: Integriert Körper, Geist und Verstand; erleichtert klare, einfache Kommunikation; verstärkt psychische Fähigkeiten, kreativen Ausdruck und die Verbindung mit dem höheren Selbst; stärkt die Willenskraft; erweitert kosmische Wahrnehmung; löst geistige Verwirrung, nervöse Angst und andere negative geistige Zustände; mildert Asthmasymptome und andere Störungen des Halsbereiches.

Sodalith: Bringt männliche und weibliche Energien ins Gleichgewicht; macht den Geist ruhig und klar und löst geistige Verwirrung; wirkt beruhigend und unterstützt die Erdung; löst Illusionen auf, bringt Klarheit und Wahrheit ans Licht; verstärkt die Kommunikation und den kreativen Ausdruck; ähnliche Eigenschaften wie Lapislazuli.

Sugilith: Der sogenannte *New-Age-Stone* stärkt das Herz und unterstützt die physische Heilung und Reinigung des Körpers; kanalisiert spirituelles Bewußtsein in physische Aktion; mindert Verspannungen und beruhigt die Emotionen; starker Schutzstein zur Stärkung der Sensibilität und Selbstwahrnehmung; erleichtert tiefes Meditieren.

Yoga-Therapie
Für das 6. Chakra gibt es zwei Yoga-Arten: Jnana-Yoga und Yantra-Yoga.

Jnana-Yoga ist das *Yoga des Wissens*; mit Hilfe des Intellekts schneidet man durch die Illusionen und findet so die Wahrheit. Über die Gedanken findet man zum *innersten Zentrum*. Am Ende gibt es dann keine Gedanken mehr, sie sind zum Schweigen gebracht und transzendiert worden. In der Meditationspraxis des Jnana-Yoga geht es hauptsächlich darum, Schalen zu entfernen, wie bei einer Zwiebel. Die Schlüsselfrage lautet: »Wer (oder was) bin ich?« Das, was wir nicht sind, wird wie eine Schale entfernt, bis schließlich unter der letzten Schicht nur noch die Fülle des Seins (Gott) übrig ist.

Yantra-Yoga verwendet Yantras (Formen oder Symbole) als Brennpunkte der Konzentration. Ein Mantra (heilige Wörter) wird viele Male wiederholt; das Yantra wird betrachtet, um so Gedanken zu fokussieren und den Geist stabil zu halten, so daß er sich für die tiefere Bedeutung des Symbols öffnet. Die Diagramme dienen dem Zweck, das Zentrum des Selbst zu finden; das ist Selbstverwirklichung. Mandalas sind die bekanntesten und kunstvollsten Yantra-Formen. Das Hindu-Wort *Mandala* bedeutet *Kreis*; es symbolisiert Einheit und Ganzheit.

Empfohlene Yoga-Stellungen
Verspannungen: Rückendehnung, Totenstellung, Berg, Schulterstand
Überanstrengte Augen: Totenstellung, Demutshaltung, Handauflegen
Kopfschmerzen: Löwe, Totenstellung
Nebenhöhlen-Entzündung: Berg, Totenstellung, Sonnengruß

Körper- und Atemübungen
Allgemeine Übung: für die Augen
Sie stehen oder sitzen aufrecht, Brust nach vorne, die Schultern sind entspannt:

1. Legen Sie die linke Hand über das linke Auge. Dann halten Sie den Zeigefinger der rechten Hand etwa 30 Zentimeter vor das Gesicht. Suchen Sie sich einen Brennpunkt, der mindestens zwei Meter weg sein sollte – zum Beispiel ein Möbelstück oder eine Steckdose.
2. Jetzt wird das rechte Auge auf den Finger konzentriert.
3. Dann richten Sie Ihre Aufmerksamkeit und Ihren Fokus auf das weiter entfernte Objekt.
4. Wiederholen Sie dies fünfmal.
5. Das Ganze wird dann mit dem linken Auge durchgeführt (also das rechte Auge mit der rechten Hand bedecken).
6. Auch das wiederholen Sie fünfmal.
7. Dann atmen Sie ein und öffnen dabei die Augen so weit wie möglich. Beim Ausatmen werden die Augen dann ganz fest zugemacht. Wiederholen Sie das fünfmal.
8. Zum Schluß entspannen Sie sich.

Yoga-Stellung: Handauflegen

1. Sie sitzen aufrecht, aber entspannt an einem Tisch, wo Sie die Ellbogen ablegen können.
2. Reiben Sie die Handflächen kräftig aneinander; dadurch werden Sie warm und mit natürlicher Elektrizität aufgeladen.

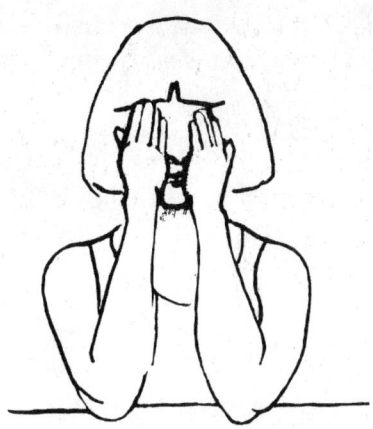

Abb. 10: Handauflegen tut übermüdeten Augen gut

3. Jetzt legen Sie die Handflächen (die Finger sind fest zusammen und schirmen das Licht ab) über die geschlossenen Augen. Die Finger liegen leicht auf der Stirn. Die Augenlider sind entspannt. Üben Sie keinerlei Druck auf die Augäpfel aus. Ihr Atem geht gleichmäßig.
4. Bleiben Sie ein bis zwei Minuten so sitzen.
5. Dann spreizen Sie die Finger und öffnen die Augen, damit sie sich allmählich wieder an das Licht gewöhnen können. Entspannen Sie Arme und Hände, blinzeln Sie ein paarmal, um wieder in den Körper *zurückzukommen*.
6. Wenn Sie wollen, können Sie die Übung noch einmal machen. Sie tut gut bei überanstrengten Augen.

Therapien für das

7. CHAKRA

Natur-Therapie
Gehen Sie für eine ruhige Kontemplation allein auf einen Berggipfel. Auf diese Weise sind Sie physisch so nah

bei Gott, wie das auf der Erde nur möglich ist, und können die großartige Verbundenheit des Universums erfahren.

Klang-Therapie

Jede Musik, die zum Schweigen führt, ist geeignet, denn
Schweigen ist die Klang-Therapie für das 7. Chakra. Mit
einem stillen Geist können Sie die Führung und Weisheit
Gottes erfahren.

Wenn Sie etwas singen wollen, können Sie den Laut M
chanten oder als Ton ein H singen. Versuchen Sie es auch
mit der heiligen Silbe *Om*, die für das Absolute steht; sie
ist ein Mantra für das Scheitel-Chakra.

Farb-Therapie

Die Farbe des 7. Chakras ist Violett, die Farbe der geistigen und seelischen Transformation, die uns auf beiden
Ebenen für die spirituelle Dimension öffnet. Auch Weiß,
das alle Farben des Spektrums enthält, ist geeignet; es integriert die verschiedenen Lebensebenen in den höheren
Sinn und macht uns empfänglich für das göttliche Licht,
Wissen und Heilung.

Gold ist eine weitere Farbe des Scheitel-Chakras. Es
wirkt ähnlich wie Weiß, ist aber nicht ganz so intensiv.
Gold hat die höchste Vibration, die der physische Körper
längere Zeit ertragen kann ohne *abzuheben*.

Aroma-Therapie

Für die Stimulierung und energetische Integration des 7.
Chakras eignen sich folgende Düfte: Lotus, Nelke, Pfef-
ferminze, Olibanum, Zimt.

Reflexzonen-Massage

Der Punkt für das Scheitel-Chakra sitzt ganz oben auf
dem großen Zeh und dem Nachbarzeh. Kreisförmiges
Massieren mit konstantem Druck stimuliert die Energien
des Chakras und beseitigt Blockaden.

Edelsteine und Kristalle
Alexandrit, Amethyst, Ametrin, Bergkristall, Citrin, Diamant, Lithoslazuli, Selenit, Sugilith

Transformierende Qualitäten von
Edelsteinen und Kristallen
Alexandrit: Unterstützt die innere und äußere Regeneration; wirkt sich positiv auf Nervensystem, Milz und Bauchspeicheldrüse aus; harmonisiert den mentalen mit dem physischen Körper; unterstützt die spirituelle Transformation und Regeneration; spiegelt das höchste Entfaltungspotential wider; stimuliert das Erleben von Glück, angenehmen Überraschungen, Freude, Einssein mit dem Leben.

Amethyst: Energetisiert und reinigt das Blut; mindert geistige Verwirrung; reinigt und erneuert auf allen Bewußtseinsebenen; löst Illusionen auf, verstärkt die Intuition; fördert tiefe Meditation und Transformation; schützt vor negativen Einflüssen; verstärkt Fähigkeit zu heilen und die göttliche Liebe zu erfahren.

Ametrin: Um Zugang zur höheren Weisheit durch die Meditation zu erhalten; nutzt die höhere Information auf der Erdebene zum Grounding; bringt mehr Stabilität und Harmonie ins Leben; mildert Kopfschmerzen und Depressionen; vereint in sich die Qualitäten von Amethyst und Citrin.

Bergkristall: Verstärkt das Aurafeld; erweckt alle Bewußtseinsebenen; vertreibt Negativität im Energiefeld und in der Umgebung; für die Meditation geeignet, um die Kommunikation mit dem höheren Selbst zu stärken: Bergkristall empfängt, speichert, sendet und verstärkt Energie.

Citrin: Ausgezeichneter Heilstein für Nieren, Herz, Verdauungsorgane, Dickdarm und Leber; unterstützt die Ausscheidung von Giftstoffen und Schlacken; vermindert selbstzerstörerisches Verhalten; gibt ein Gefühl der Stabilität, stärkt das Selbstwertgefühl und die Ausrichtung auf das höhere Selbst; zieht Überfluß an; unterstützt die Verbindung zur Gegenwart.

Diamant: Verstärkt die höheren mentalen Fähigkeiten; ist der *Meisterheilstein*, da seine Schwingung in Verbindung mit anderen Edelsteinen deren Heilkraft intensiviert; löst Negativität auf; reinigt den physischen Körper und die Aura; intensiviert und aktiviert den *göttlichen* Aspekt in uns.

Lithoslazuli: Führt überschüssige Energie in die Erde ab; entwickelt den Intellekt; sorgt für bessere Konzentration und tiefere Meditation; bringt mehr Verständnis für höhere, eher abstrakte metaphysische Konzepte und eine bessere Kommunikation mit dem höheren Selbst; starker Heilstein, der ein tiefes Gefühl von Trost und Ruhe schenkt.

Selenit: Stärkt die Bereitschaft nach innen zu gehen und auf die eigene Stimme zu hören; erhöht die Wahrnehmungsfähigkeit; ein unterstützender Begleiter; in Verbindung mit Rosenquarz noch wirkungsvoller.

Sugilith: Der sogenannte *New-Age-Stone* stärkt das Herz und unterstützt die physische Heilung und Reinigung des Körpers; kanalisiert spirituelles Bewußtsein in physische Aktion; mindert Verspannungen und beruhigt die Emotionen; starker Schutzstein zur Stärkung der Sensibilität und Selbstwahrnehmung; erleichtert tiefes Meditieren.

Yoga-Therapie

Alle Yoga-Formen öffnen das 7. Chakra, erwecken unser höheres Bewußtsein und führen zum *Einssein mit dem Universum* und der Erfahrung des Göttlichen in der ganzen Schöpfung.

Empfohlene Yoga-Stellungen

Immunsystem: Totenstellung, Wirbelsäulendrehung, Sonnengruß, Baum

Körper- und Atemübungen
Allgemeine Übung: den Scheitelpunkt reiben
Machen Sie es sich bequem und reiben Sie dann sanft den Scheitelpunkt kreisförmig nach rechts. Damit stimulieren Sie den Kreislauf und unterstützen die Öffnung des 7. Chakras. Machen Sie das 15 Sekunden lang.

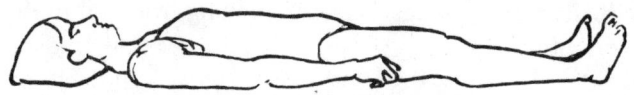

Abb. 11: Die Totenstellung fördert das Immunsystem

Yoga-Position: Die Totenstellung
1. Sie liegen auf dem Rücken, die Beine sind locker ausgestreckt, die Füße so weit auseinander, wie das für Sie bequem ist; sie fallen locker ein wenig nach außen (wie in Abb. 11).
2. Die Arme liegen entspannt und bequem neben dem Körper. Auch die Hände sollten ganz entspannt sein.
3. Konzentrieren Sie sich nun auf die Atmung. Sie atmen tief vom Bauch aus ein und nehmen dabei positive, reinigende Energie in sich auf. Mit dem Ausatmen geben Sie alle Verspannungen oder Giftstoffe nach außen ab.
4. Wenn die Atmung leicht und rhythmisch geht, konzentrieren Sie sich voll auf einzelne Körperteile, um dort die ganze Spannung abzubauen; schließlich ist der ganze Körper total entspannt. Sie können zum Beispiel so vorgehen: zunächst die Muskeln im jeweiligen Körperteil anspannen, die Spannung kurz halten und dann lösen. Dies ist die An- und Entspannungs-Methode im Stretching.
Beachten Sie die Reihenfolge: Sie fangen mit den Füßen an und gehen dann Schritt für Schritt hoch bis zum Kopf: Füße, Unterschenkel, Oberschenkel (Vorderseite, Rückseite), Becken, Bauch, unterer Rücken, Brustkorb, oberer Rücken, Finger, Hände, Unterarme,

Oberarme (Vorderseite, Rückseite), Schultern, Hals, Nacken, Kiefer, Lippen, Zunge, Augen, Augenbrauen, Kopfhaut.

5. Konzentrieren Sie sich weiterhin auf die Atmung, so daß der Geist still wird und zur Ruhe kommt. Überprüfen Sie noch einmal, ob noch Spannungen im Körper sind, in die Sie dann hineinatmen.

6. Bleiben Sie so lange in dieser Stellung, wie es Ihre Zeit erlaubt.

Teil 3

Die Chakren trainieren

Übungsreihe zum Öffnen der Chakren

Es folgt nun eine Reihe von Flexibilitäts- und Atemübungen, die den Körper tonisieren und eine energetisierende Wirkung auf die Chakren haben. Bei täglicher Übung wird der Körper gekräftigt. Die Energie baut sich von Chakra zu Chakra auf und wird schließlich in der letzten Übung – die dem 7. Chakra entspricht – freigesetzt. Bei den ersten drei Übungen geht es mehr um physische Kräftigung und Bewegung. Die Übungen 4 bis 7 sind sanft und mehr auf Dehnung und Flexibilität ausgerichtet. Und denken Sie daran – durch die entsprechende Farbatmung wird der Übungseffekt noch verstärkt.

1. Chakra

TIEFE GRÄTSCHE MIT BECKENSCHAUKEL

Die Farbe für dieses Chakra ist ein lebhaftes, klares Rot.

1. Sie stehen mit den Füßen mehr als schulterbreit auseinander, wie in Abbildung 12 dargestellt. Die Zehen zeigen nach außen. Bitte achten Sie darauf, daß die Knie mit den Fußknöcheln in einer Linie ausgerichtet sind – das schont die Kniegelenke. Das Gewicht liegt hinten auf den Fersen, nicht auf den Zehen.

2. Sie legen nun die Hände an die Hüften, gehen in die Knie und bringen damit die Hüften ein Stück nach unten, als ob Sie in die Hocke gehen wollten. Dann

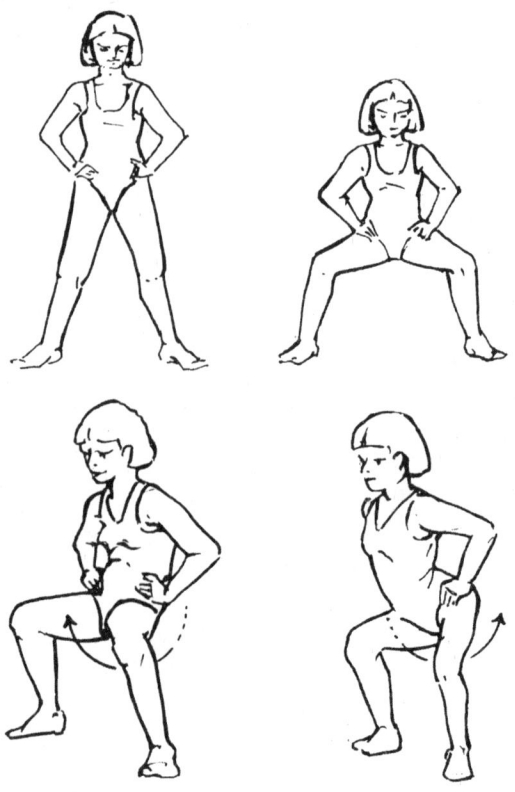

Abb. 12: Tiefe Grätsche mit Beckenschaukel

machen Sie eine Pause, atmen ein und spannen mit der
Einatmung die Bauchmuskeln an. Gleichzeitig schieben Sie das Becken nach vorne. Sie halten kurz an, atmen dann aus und entspannen dabei die Bauchmuskeln; das Becken geht sanft nach hinten.

3. Diese Schaukelbewegung wird dreimal wiederholt, je-
desmal ein bißchen tiefer. Dann führen Sie sie noch
dreimal aus und kommen dabei nach und nach in eine
stehende Position zurück.

4. Die ganze Abfolge sollte mindestens dreimal wiederholt werden.

2. Chakra

HOCKE MIT HÜFTKREISEN

Dem 2. Chakra wird klares Orange zugeordnet.

1. Die Füße sind schulterweit auseinander, die Zehen zeigen nach vorne, die Knie sind leicht gebeugt. Das Gewicht liegt wieder auf den Fersen. Auch hier sollten Sie die Knie in einer Geraden mit den Knöcheln ausrichten, um die Gelenke nicht unnötig zu strapazieren.

2. Wie in der ersten Übung spannen Sie nun beim Einatmen die Bauchmuskeln an und schieben das Becken nach vorne; beim Ausatmen geht es nach hinten; die Abbildung 13 verdeutlicht den Ablauf. Wiederholen Sie diese Bewegung ein paarmal.

3. Jetzt lassen Sie langsam die Hüften kreisen: Beim Einatmen geht das Becken nach vorne, beim Ausatmen verlagern Sie das Gewicht auf die rechte Hüfte; mit dem nächsten Atemzug geht das Gewicht nach hinten zum Gesäß, beim Ausatmen zur linken Hüfte.

Abb. 13: Hocke mit Hüftkreisen

4. Diese Kreisbewegung wird mindestens dreimal wiederholt.
5. Dann lassen Sie die Hüften (dreimal) in die andere
   Richtung (nach links) kreisen.

3. Chakra

FREUDENSPRÜNGE

Strahlendes Sonnengelb ist die Farbe dieses Chakras.
1. Sie stehen bequem da und springen dann auf und nie-
   der. Dabei bringen Sie die Füße so nah wie möglich an
   die Brust. Achten Sie darauf, daß die Knie beim Lan-
   den auf dem Boden ein wenig gebeugt sind. Machen
   Sie diese Übung ein paar Minuten lang.
2. Dann ruhen Sie sich ein wenig aus und machen das
   Ganze noch einmal.

Abb. 14: Freudensprünge

Übrigens: Mit einem Minitrampolin macht diese Übung noch viel mehr Spaß! Oder Sie üben mit einem Partner, der Sie beim Springen an den Armen festhält – wie in Abbildung 14 gezeigt.

4. Chakra

ABGEÄNDERTE KOBRA-STELLUNG

Dieses Chakra hat zwei Farben: Rosa und Grün.

1. Sie liegen auf dem Boden mit dem Gesicht nach unten und ausgestreckten Beinen. Die Hände sind auf Brusthöhe etwa schulterweit auseinander (wie bei einem Liegestütz).
2. Mit nach vorne gerichtetem Gesicht heben Sie nun sanft den oberen Rücken und biegen die Wirbelsäule langsam und vorsichtig so weit, wie das ohne Anstrengung für Sie möglich ist. Die Hüften bleiben auf dem Boden; das ist die in Abbildung 8 (auf Seite 149) gezeigte Kobra-Stellung.

Abb. 15: Abgeänderte Kobra-Stellung mit Demutshaltung

3. Bleiben Sie in dieser Position und atmen Sie gleichmäßig weiter.
4. Dann lösen Sie sich langsam aus der Stellung, bis die
   Brust fast auf dem Boden ist.
5. Drücken Sie nun die Hände gegen den Boden, um dadurch die Hüften zu heben. Die Knie bleiben am Boden. Sie strecken die Arme und gehen mit Hüften und
   Gesäß nach hinten Richtung Fersen; orientieren Sie
   sich an Abbildung 15. So kommen Sie in eine Art Fö-
   tus-Position: Arme vorne auf dem Boden, der Kopf zur
   Seite gewandt oder mit der Stirn am Boden.
6. Atmen Sie in diese Dehnung hinein.
7. Als nächstes nehmen Sie die Arme auf die Seite, mit den
   Handflächen nach oben. Atmen Sie gleichmäßig weiter.
8. In dieser Stellung bleiben Sie so lange, wie das für Sie
   bequem ist.
9. Zum Beenden der Übung machen Sie den Rücken rund
   und kommen in eine kniende Position; der Rücken ist
   gerade, und schon kann es mit der nächsten Übung
   weitergehen.

5. Chakra

KOPF- UND NACKENROLLEN

Die Farbe des 5. Chakras ist klares Hellblau.

Wenn die kniende Position aus der letzten Übung nicht
unangenehm ist, bleiben Sie knien. Falls die Knie schmerzen, ändern sie die Stellung entsprechend.

1. Sie sitzen mit geradem Rücken und nach vorne ge-
   wandtem Kopf auf dem Boden.
2. Mit der nächsten Einatmung kippen Sie den Kopf
   leicht nach hinten. Beim Ausatmen wird das Kinn
   zur Brust geführt – wie Sie es in Abbildung 16 sehen.
3. Das machen Sie ein paarmal, aber bitte ganz vorsichtig!

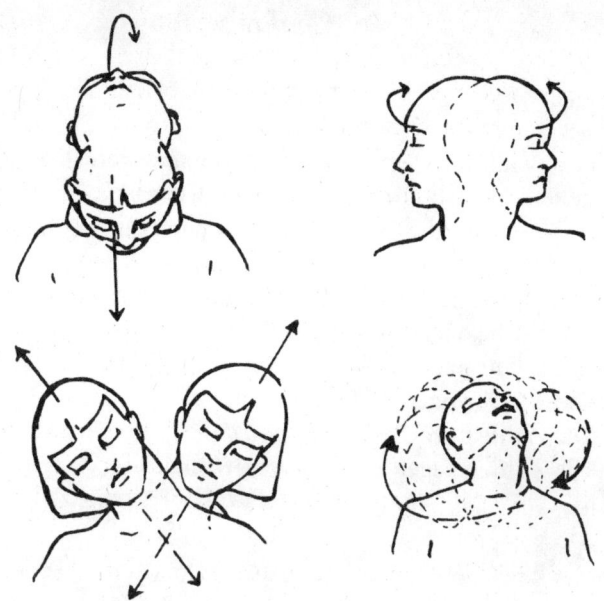

Abb. 16: Kopf- und Nackenrollen

4. Dann atmen Sie ein und drehen dabei den Kopf sanft nach rechts, so daß Sie über die rechte Schulter blicken. Beim Ausatmen geht der Kopf zur linken Schulter.
5. Auch diese Bewegung wiederholen Sie einige Male.
6. Dann bringen Sie mit dem Einatmen das Kinn hoch und nach rechts, beim Ausatmen geht es nach unten links.
7. Dann machen Sie diese Bewegung umgekehrt: Einatmen und Kinn hoch nach links, ausatmen und Kinn nach unten rechts.
8. Die Schritte 6 und 7 werden ein paarmal wiederholt.
9. Zum Schluß rollen Sie Nacken und Kopf ganz vorsichtig im Kreis. Machen Sie dabei auch Pausen und atmen Sie in die Stellen, die sich verspannt anfühlen.
10. Jetzt noch in die andere Richtung kreisen.

6. *Chakra*

AUGENROLLEN

Dem 6. Chakra ist ein klares Indigoblau zugeordnet.

Stellen Sie sich vor, Sie schauen auf eine Uhr, und bewegen Sie dann die Augen wie folgt (ein paarmal hintereinander):

1. Von 12 Uhr nach 6 Uhr
2. Von 9 Uhr nach 3 Uhr
3. Von 2 Uhr nach 8 Uhr
4. Von 10 Uhr nach 4 Uhr
5. Alle Zahlen im Uhrzeigersinn
6. Alle Zahlen gegen den Uhrzeigersinn

7. *Chakra*

HALBER KOPFSTAND (DREIFUSS)

Die Farbe dieses Chakras ist Violett.

Bei Nackenbeschwerden sollten Sie lieber eine der anderen empfohlenen Übungen aus dem vorigen Kapitel machen.

1. Sie knien weiterhin am Boden, die Zehen zeigen nach hinten. Sie beugen sich nach vorne und bringen die Stirn zum Boden, nahe an die Knie.
2. Dann halten Sie mit den Händen die Fersen oder Knöchel fest und bringen vorsichtig das Gesäß von den Fersen weg, bis Sie mit dem Scheitelpunkt die Übungsmatte berühren – wie in Abbildung 17 demonstriert. Vermeiden Sie dabei jeglichen Druck auf Kopf und Nacken!
3. Jetzt legen Sie die Arme wie eine Stütze um den Kopf und winkeln die Fußspitzen an. Gehen Sie nun langsam mit dem Gesäß hoch. Atmen nicht vergessen! Anfangs sollten Sie diese Stellung nur ein paar Sekunden lang einnehmen.

Abb. 17: Halber Kopfstand (Freifuß)

4. Kommen Sie langsam aus dieser Position wieder heraus auf die Fersen. Der Kopf sollte noch einige Sekunden unten bleiben, damit Sie sich wieder orientieren können, bevor Sie sich aufrecht auf die Fersen setzen.

Anhang

Extra Antwortblätter

Frage	1. Chakra		2. Chakra		3. Chakra		4. Chakra		5. Chakra		6. Chakra		7. Chakra	
	ja	nein	ja	nein	ja	nein	ja	nein	ja	nein	ja	nein	ja	nein
1	☐	☐									☐	☐		
2	☐	☐												
3	☐	☐												
4	☐	☐												
5	☐	☐												
6	☐	☐	☐	☐										
7	☐	☐	☐	☐										
8	☐	☐	☐	☐										
9	☐	☐	☐	☐										
10	☐	☐												
11	☐	☐					☐	☐						
12	☐	☐	☐	☐			☐	☐						
13	☐	☐												
14	☐	☐												
15	☐	☐												
16	☐	☐												
17	☐	☐												
18			☐	☐										
19			☐	☐										
20			☐	☐										
Anzahl »ja«														

Frage	1. Chakra		2. Chakra		3. Chakra		4. Chakra		5. Chakra		6. Chakra		7. Chakra	
	ja	nein	ja	nein	ja	nein	ja	nein	ja	nein	ja	nein	ja	nein
21			☐	☐										
22			☐	☐			☐	☐						
23a							☐	☐						
23b			☐	☐										
23c					☐	☐								
23d	☐	☐	☐	☐										
24			☐	☐										
25			☐	☐										
26			☐	☐										
27			☐	☐										
28			☐	☐										
29			☐	☐										
30a	☐	☐	☐	☐										
30b			☐	☐										
30c			☐	☐	☐	☐								
31a	☐	☐			☐	☐								
31b			☐	☐	☐	☐								
31c			☐	☐	☐	☐								
31d			☐	☐	☐	☐								
32			☐	☐	☐	☐								
33					☐	☐								
Anzahl »Ja«														

Frage	1. Chakra		2. Chakra		3. Chakra		4. Chakra		5. Chakra		6. Chakra		7. Chakra	
	ja	nein	ja	nein	ja	nein	ja	nein	ja	nein	ja	nein	ja	nein
34					□	□								
35					□	□								
36					□	□								
37					□	□	□	□						
38					□	□								
39					□	□								
40					□	□								
41					□	□								
42					□	□								
43					□	□	□	□						
44					□	□								
45					□	□								
46					□	□								
47					□	□								
48							□	□						
49							□	□						
50							□	□						
51							□	□						
52			□	□			□	□						
53							□	□						
54							□	□						
Anzahl »Ja«														

Frage	1. Chakra		2. Chakra		3. Chakra		4. Chakra		5. Chakra		6. Chakra		7. Chakra	
	ja	nein	ja	nein	ja	nein	ja	nein	ja	nein	ja	nein	ja	nein
55							☐	☐						
56							☐	☐						
57			☐	☐			☐	☐						
58							☐	☐						
59							☐	☐						
60							☐	☐						
61							☐	☐						
62							☐	☐						
63							☐	☐						
64									☐	☐				
65			☐	☐					☐	☐				
66									☐	☐				
67									☐	☐				
68									☐	☐				
69									☐	☐				
70									☐	☐				
71									☐	☐				
72							☐	☐	☐	☐				
73									☐	☐				
74			☐	☐					☐	☐				
75			☐	☐					☐	☐				
Anzahl »Ja«														

Frage	1. Chakra		2. Chakra		3. Chakra		4. Chakra		5. Chakra		6. Chakra		7. Chakra	
	ja	nein	ja	nein	ja	nein	ja	nein	ja	nein	ja	nein	ja	nein
76			☐	☐					☐	☐				
77			☐	☐					☐	☐				
78					☐	☐			☐	☐				
79							☐	☐	☐	☐				
80									☐	☐				
81									☐	☐				
82							☐	☐	☐	☐				
83											☐	☐		
84											☐	☐		
85											☐	☐		
86											☐	☐		
87	☐	☐									☐	☐		
88			☐	☐							☐	☐		
89											☐	☐		
90											☐	☐		
91											☐	☐		
92											☐	☐		
93											☐	☐		
94											☐	☐	☐	☐
95	☐	☐									☐	☐		
96											☐	☐	☐	☐
Anzahl »ja«														

Frage	1. Chakra		2. Chakra		3. Chakra		4. Chakra		5. Chakra		6. Chakra		7. Chakra	
	ja	nein	ja	nein	ja	nein	ja	nein	ja	nein	ja	nein	ja	nein
97											☐	☐	☐	☐
98													☐	☐
99													☐	☐
100													☐	☐
101	☐	☐											☐	☐
102													☐	☐
103													☐	☐
104													☐	☐
105													☐	☐
106													☐	☐
107													☐	☐
108													☐	☐
109													☐	☐
110a	☐	☐												
110b					☐	☐	☐	☐						
110c													☐	☐
110d			☐	☐			☐	☐						
110e									☐	☐				
Anzahl »Ja«														

Anmerkung: Einige Fragen beziehen sich auf mehrere Energiezentren. Die hier aufgeführten Chakren sind hauptsächlich betroffen; weniger tangierte Chakren sind nicht aufgelistet.

Auswertung

	1. Chakra	2. Chakra	3. Chakra	4. Chakra	5. Chakra	6. Chakra	7. Chakra
Seite 1 Anzahl »Ja«							
Seite 2 Anzahl »Ja«							
Seite 3 Anzahl »Ja«							
Seite 4 Anzahl »Ja«							
Seite 5 Anzahl »Ja«							
Seite 6 Anzahl »Ja«							
Gesamtanzahl »Ja«							

Literatur, Videos, CDs und MCs

Aroma-Therapie

Davis, Patricia: *Aromatherapie und Chakren. Der Einfluß von Aromaölen auf unseren feinstofflichen Körper*. München 1993 (Droemer Knaur)

Fischer-Rizzi, Susanne: *Himmlische Düfte. Aromatherapie, Anwendung wohlriechender Pflanzenessenzen und ihre Wirkung auf Körper und Seele*. München 1995 (Hugendubel)

Keller, Erich: *Das große Praxisbuch der Aromalehre. Ganzheitliche Aromatherapie für Wohlbefinden und Heilung*. München 1995 (Ariston)

Lavabre, Marcel: *Mit Düften heilen. Das praktische Handbuch der Aromatherapie*. Freiburg 1994 (Hermann Bauer)

Lubinic, Edeltraud: *Handbuch Aromatherapie*. Heidelberg 1997 (Karl F. Haug)

Maury, Marguerite: *Die Geheimnisse der Aromatherapie. Wohlgerüche für Gesundheit und Kraft, Vitalität, Jugend und Schönheit*. Aitrang 1991 (Windpferd)

Tisserand, Robert B.: *Das ist Aromatherapie. Heilung durch Duftstoffe*. Freiburg 1994 (Hermann Bauer)

Chakra-Therapie

Bek, Lilla/Pullar, Phillippa: *Chakra-Energie*. München 1991 (Heyne)

Bek, Lilla/Pullar, Phillippa: *Chakra-Energie. Die Kraftzentren des menschlichen Körpers – Wege zur Erschließung und Harmonisierung der Lebensenergie*. München 1990 (Scherz)

Brennan, Barbara A.: *Licht-Arbeit. Das große Handbuch der Heilung mit körpereigenen Energiefeldern*. München 1997 (Goldmann)

Brennan, Barbara A.: *Licht-Heilung. Die Aura im Gesundungsprozeß – Anleitung zur Selbstheilung*. München 1995 (Goldmann)

Marciniak, Barbara: *Boten des Neuen Morgens. Lehren von den Plejaden*. Freiburg 1997 (Hermann Bauer)

Myss, Caroline: *Geistkörper-Anatomie. Die sieben Zentren von Kraft und Heilung*. München 1997 (Droemer Knaur)

Northrup, Christiane: *Frauenkörper Frauenweisheit. Bewußt leben – ganzheitlich heilen.* München 1996 (Zabert Sandmann)

Roman, Sanaya: *Sich den höheren Energien öffnen. Die unsichtbaren Kräfte des Universums nutzen.* München 1990 (Scherz)

Roman, Sanaya: *Zum höheren Selbst erwachen. Das Herz dem Bewußtsein des Lichts öffnen.* München 1992 (Scherz)

Sharamon, Shalila/Baginski, Bodo J.: *Das Chakra-Handbuch. Vom grundlegenden Verständnis zur praktischen Anwendung.* Aitrang 1998 (Windpferd)

Stevens, Jose/Stevens, Lena: *Zur Quelle der Kraft. Schamanische Techniken für das Leben von heute.* Freiburg 1995 (Hermann Bauer)

Wallace, Amy/Henkin, Bill: *Anleitung zum geistigen Heilen. Zur sicheren, einfachen und wirksamen Entwicklung des geistigen Heilpotentials.* Essen 1982 (Synthesis)

Kristalle und Edelsteine

Bleeck, Iris: *Harmonische Heilung. Das Handbuch zur Energietherapie. Praktische Behandlungsvorschläge zu über 70 häufigen Krankheitsbildern.* Münsingen-Bern 1996 (Fischer Media)

Bourgault, Luc: *Ganzheitliche Edelsteintherapie. Wissen nach indianischer Tradition.* Freiburg 1996 (Hermann Bauer)

Gienger, Michael: *Lexikon der Heilsteine. Von Achat bis Zoisit.* Ludwigsburg 1997 (Im Osterholz)

Hofmann, Helmut: *Edelsteintherapie – kurz und praktisch.* Freiburg 1995 (Hermann Bauer)

Raphaell, Katrina: *Heilen mit Kristallen. Die therapeutische Anwendung von Kristallen und Edelsteinen.* München 1992 (Droemer Knaur)

Raphaell, Katrina: *Wissende Kristalle. Für unsere spirituelle Entwicklung, zur Heilung und zur Harmonisierung des Alltags.* München 1990 (Scherz)

Yoga

Andro: *Tantra Yoga.* Mit zahlreichen Fotos von Stefan Rother, Freiburg 1997 (Nietsch)

Devananda, Vishnu: *Yoga. Für alle Lebensstufen – in Bildern.* Hrsg.: Sivananda Yoga Zentrum, München 1994 (Gräfe und Unzer)

Hirschi, Gertrud: *Yoga für Seele, Geist und Körper. Übungen für 52 Wochen.* Freiburg 1997 (Hermann Bauer)

Lorenc, Karel: *Yoga. Verständlich gemacht.* München 1995 (Copress)

Röcker, Anna: *Yoga – Der Weg zu innerer Harmonie und Gesundheit. Mit Körper- und Atemübungen, Konzentration und Meditation zu Ausgeglichenheit von Körper, Geist und Seele.* München 1997 (Südwest)

Weller, Stella: *Yoga für ein langes Leben. Einfache Übungen für jeden Tag.* Freiburg 1999 (Herder)

Yoga für Körper und Seele. Asanas, Atmung, Entspannung, Ernährung, Meditation. Von: Sivananda Yoga Vendanta Centre, München 1997 (Mosaik)

Videos

Griscom, Chris: *Kinder entdecken ihre Spiritualität. Kreative Übungen für Eltern und Kinder.* Freiburg 1997 (Hermann Bauer)

Yoga. Übungen aus der Patanjali Yoga-Schule. Freiburg 1995 (Hermann Bauer)

CDs und MCs

Heydorn, Susanne: *Heile Welt. Sechs Visualisierungen für Kinder ab 8 und Erwachsene.* Freiburg 1998 (Hermann Bauer)

Kreusch-Jakob, Dorothée: *Mandala-Musik. Horchen, Schauen, Malen für klein und groß.* Freiburg 1997 (Hermann Bauer)

Marshall, Henry und die Playshop Family: *Mantras. Magische Gesänge der Kraft.* Freiburg 1992 (Hermann Bauer)

Rupesh: *Laughing Drums. Lachende Trommeln – lebensfrohe Trommelrhythmen für Tanz, Trance und Meditation,* Freiburg 1994 (Hermann Bauer)

Stock, Jürgen: *Chakra Bewußtsein. Die 7 Quellen des Lebens.* Freiburg 1996 (Hermann Bauer)

Voices of the Earth. Stimmen unserer Erde – Naturaufnahmen zur Meditation und Entspannung. New York 1996 (Rainforest Alliance)

Walter, Johannes: *Music Mantras.* Freiburg 1985 (Hermann Bauer)

Werber, Bruce/Fried, Claudia: *Mantras der Welt. Mantrische Gesänge aus verschiedenen Kulturen.* Freiburg 1997 (Hermann Bauer)

»... – *kurz & praktisch*«

Claus Claussen *I Ging*
200 Seiten, gebunden; ISBN 3-7626-1113-0

Ulrich J. Heinz *Runenübungen*
190 Seiten, gebunden; ISBN 3-7626-1109-2

Helmut Hofmann *Edelsteintherapie*
180 Seiten, gebunden; ISBN 3-7626-1104-1

Rainer Kakuska *Meditation*
180 Seiten, gebunden; ISBN 3-7626-1103-3

Hans-Christoph Kölsch *Neurolinguistisches
Programmieren NLP*
160 Seiten, gebunden; ISBN 3-7626-1112-2

Ingrid Kraaz von Rohr *Farbtherapie*
192 Seiten, gebunden; ISBN 3-7626-1102-5

Reinhard Lehner *Pendeln*
192 Seiten, gebunden; ISBN 3-7626-1107-6

Hans-Dieter Leuenberger *Tarot*
205 Seiten, gebunden; ISBN 3-7626-1100-9

Hal. A. Lingerman *Numerologie*
182 Seiten, gebunden; ISBN 3-7626-1115-7

Arie Luijerink/Marian van Staveren *Reiki*
190 Seiten mit 25 Abb., gebunden; ISBN 3-7626-1105-X

Dagmar Müller *Autosuggestion*
192 Seiten, gebunden; ISBN 3-7626-1108-4

Kerstin Rosenberg *Ayurveda*
192 Seiten, gebunden; ISBN 3-7626-1111-4

Wighard Strehlow *Hildegard-Medizin*
208 Seiten, gebunden; ISBN 3-7626-1110-6

Rainer Wilhelm *Feldenkrais*
208 Seiten, gebunden; ISBN 3-7626-1106-8

Verlag Hermann Bauer · Freiburg im Breisgau